法華經漢字

도관 홍윤기 · 효송 홍우기 편저

표지제자 : 효송 홍우기
표지디자인 : 홍석훈

머리말

　삼보(三寶)에 귀의(歸依)하옵고 돌아보니, 1977년 병들어 사람 구실도 못하고 배운 것도 없었던 저를 설송종조(雪松宗祖)님께서 거두어주셨는데, 오히려 심술과 떼를 써서 여러모로 심려를 끼쳐 드렸으나, 언제나 한결같이 다 받아주신 종조님께 심심한 감사의 말씀을 올립니다.

　묘법연화경은 全7卷, 28品, 69,384字로 이루어졌지만 중복된 글자를 빼면 1,800자에도 미치지 못합니다. 그러나 한자자전은 유가경전을 공부하는 사람을 위해 만들었으므로 보통의 한자자전에는 불전(佛典)에 등장하는 특이한 한자나 용례가 자세하지 않습니다.

　종조님의 명으로, 그간 법화경 사경을 하면서 겸사겸사 한자를 정리하다보니 어느 정도 분량이 되었고, 묘법연화경(妙法蓮華經)을 수지(受持) 독송(讀誦) 해설(解說) 서사(書寫)하시는 분들께 보여드렸더니 도움이 될 것 같다는 말씀에 용기를 내었습니다.

　입문과정에서 부담감을 줄이기 위해 간단한 글자부터 수록하였으며, 한자서사에 익숙하지 않은 분들을 위해 필순을 달아놓았습니다.

부록에는 본문에 수록되어있는 한자들이 실제 법화경 내에서 어떻게 쓰이는지를 보여주기 위해 예문 하나씩만 골라서 실었습니다. 그 옆에는 해당 글자가 실려 있는 해석경의 페이지를 적어놓았으며, 〈 〉안에 있는 숫자는 이 법화경한자에 실려 있는 페이지입니다.

최선을 다한다고 했지만 혹 오탈자가 있을 수도 있으니 아시는 분들의 많은 질정을 부탁드립니다. 그리고 이 책을 출판하기까지 함께해준 효송(曉松) 내외에게 고마움을 표하며, 불승종(佛乘宗) 스님, 법사님을 비롯한 모든 신도님께 진심으로 감사드립니다.

신축년 정월 道觀 合掌

一								

一 한일　　　　　　　一

九								

九 아홉구　　　　　　ノ 九

刀								

刀 칼도　　　　　　　フ 刀

力								

力 힘력　　　　　　　フ 力

了								

了 마칠료 깨달을료　　　フ 了

十								

十 열십　十方<시방>　　一 十

又								

又 또우　　　　　　　フ 又

二								

二 두이　　　　　　　一 二

人								

人 사람인　　　　　　ノ 人

入								
入 들입					ノ 入			
七								
七 일곱칠					一 七			
八								
八 여덟팔					ノ 八			
几								
几 안석궤					ノ 几			
乃								
乃 이에내					ノ 乃			
乞								
乞 구걸할걸					ノ 丶 乞			
久								
久 오랠구					ノ 久 久			
口								
口 입구 구멍구					丶 口 口			
己								
己 몸기 저기					フ コ 己			

干								
干 얼마간 방패간					一 二 干			
女								
女 계집녀					く 夂 女			
大								
大 큰대					一 ナ 大			
凡								
凡 무릇범 속인범〈俗人〉					丿 几 凡			
士								
士 선비사					一 十 士			
山								
山 메산					丨 山 山			
三								
三 석삼					一 二 三			
上								
上 윗상					丨 卜 上			
小								
小 작을소					亅 小 小			

尸								
尸 주검시				𠃊 𠃌 尸				
也								
也 어조사야 또야				𠃊 ㇉ 也				
于								
于 어조사우				一 二 于				
已								
已 이미이				𠃊 𠃌 已				
子								
子 아들자 쥐자 당신자				𠃌 了 子				
丈								
丈 어른장 열자장				一 ナ 丈				
才								
才 재주재				一 丁 才				
丸								
丸 둥글환 총알환				丿 九 丸				
叉								
叉 야차차 손길잡을차				𠃌 又 叉				

千								
千 일천천					ノ 二 千			
川								
川 내천					ノ ノ ノ 川			
土								
土 흙토					一 十 土			
下								
下 아래하					一 丁 下			
帀								
帀 두를잡					一 冂 帀			
孔								
孔 구멍공					丁 了 孑 孔			
今								
今 이제금					ノ 人 亼 今			
及								
及 미칠급					ノ 刀 乃 及			
內								
內 안내 들일납					ㅣ 冂 內 內			

丹								
丹 붉을단						丿 冂 月 丹		
斗								
斗 말두						丶 二 氵 斗		
六								
六 여섯륙 六月〈유월〉						丶 二 宀 六		
毛								
毛 터럭모						丿 二 三 毛		
木								
木 나무목						一 十 才 木		
文								
文 글문						丶 二 广 文		
勿								
勿 말물						丿 勹 勿 勿		
反								
反 돌이킬반						一 厂 厅 反		
方								
方 모방						丶 亠 方 方		

夫								
夫 사내부 지아비부					一 二 夫 夫			
父								
父 아비부					⺍ ハ ケ 父			
分								
分 나눌분					ノ 八 今 分			
不								
不 아니불					一 ア 不 不			
比								
比 견줄비					一 上 比 比			
少								
少 적을소 젊을소					ノ 小 小 少			
手								
手 손수					一 二 三 手			
水								
水 물수					ノ 기 가 水			
心								
心 마음심					ヽ 心 心 心			

氏									
氏 성씨씨					一 厂 斤 氏				
牙									
牙 어금니아					一 亡 牙 牙				
厄									
厄 재앙액					一 厂 厃 厄				
五									
五 다섯오					一 丁 五 五				
曰									
曰 가로왈					丶 冂 曰 曰				
王									
王 임금왕					一 二 千 王				
友									
友 벗우					一 十 方 友				
牛									
牛 소우					丿 亠 二 牛				
云									
云 이를운					一 二 云 云				

月								
月 달월					ノ 几 月 月			
仁								
仁 어질인					ノ 亻 仁 仁			
引								
引 이끌인 인도할인				｀ 冂 弖 引				
日								
日 날일					丨 冂 日 日			
中								
中 가운데중 맞힐중				丨 冂 口 中				
爪								
爪 손톱조					ノ 亻 爪 爪			
之								
之 갈지 어조사지 이지				｀ ﾉ ㇇ 之				
支								
支 지탱할지					一 十 支 支			
止								
止 머무를지 그칠지				丨 卜 止 止				

尺								
尺 자척					フ コ ア 尺			
天								
天 하늘천					一 二 干 天			
切								
切 일체체 간절할절					一 七 切 切			
太								
太 클태					一 ナ 大 太			
匹								
匹 필필 짝필					一 丁 兀 匹			
互								
互 서로호					一 エ 石 互			
戶								
戶 지게호 백성의집호					ー ` 戶 戶			
化								
化 될화 변화할화					ノ イ 亻 化			
火								
火 불화					ヽ ソ ソ 火			

正								
正 바를정					一丁下正正			
加								
加 더할가 침노할가					フカか加加			
可								
可 옳을가 마땅할가					一丁丆可可			
甘								
甘 달감					一十廿廿甘			
甲								
甲 갑옷갑 아무개갑					丶冂冋日甲			
叫								
叫 부르짖을규					丶冂口叫叫			
去								
去 갈거					一十土去去			
巨								
巨 클거					一丁厂巨巨			
古								
古 옛고					一十古古古			

功								
功 공공					一 丁 工 功 功			
巧								
巧 교묘할교					一 丁 工 丂 巧			
丘								
丘 언덕구					丿 亻 斤 丘 丘			
句								
句 글귀구 귀절귀					丿 勹 勹 句 句			
奴								
奴 종노					〈 夂 女 奴 奴			
尼								
尼 여승니					一 コ 尸 尸 尼			
旦								
旦 아침단					丨 冂 日 日 旦			
令								
令 하여금령					丿 人 亼 令 令			
立								
立 설립					丶 亠 六 立 立			

末								
末 끝말					一 二 丰 耒 末			
母								
母 어미모					ㄑ 夕 夕 母 母			
目								
目 눈목					丨 冂 月 月 目			
未								
未 아닐미					一 二 丰 耒 未			
民								
民 백성민					㇇ ㇆ 尸 民 民			
半								
半 절반반					㇒ 丷 ⼂ ⼆ 半			
白								
白 흰백 아뢸백					㇒ ㇇ 白 白 白			
犯								
犯 범할범					㇒ 丬 犭 犯 犯			
本								
本 근본본					一 十 才 木 本			

付								
付 부탁부					ノ	イ 仁 付 付		
北								
北 북녘북 배반할배				一	丨	十 北 北		
弗								
弗 아니불					一	二 弓 弗 弗		
四								
四 넉사					丨	冂 冂 四 四		
生								
生 낳을생					ノ	一 十 生 生		
石								
石 돌석					一	丁 ア 石 石		
仙								
仙 신선선					ノ	イ 亻 仙 仙		
世								
世 인간세 대대세 백년세				一	十	卄 世 世		
囚								
囚 죄수수 가둘수					丨	冂 囚 囚 囚		

- 14 -

示								
示 보일시 가르칠시				一 二 亍 示 示				
失								
失 잃을실				ノ 一 二 失 失				
央								
央 가운데앙 다할앙 오랠앙				、 口 卫 央 央				
永								
永 길영 오랠영				、 亍 永 永 永				
瓦								
瓦 기와와				一 丆 工 瓦 瓦				
外								
外 바깥외 제할외				ノ ク タ 夘 外				
用								
用 쓸용				ノ 冂 月 月 用				
右								
右 오른우				ノ ナ 大 右 右				
幼								
幼 어릴유				ㄥ ㄥ 幺 幻 幼				

由									
由 말미암을유						丶冂巾由由			
以									
以 써이						丶丨㇀以以			
田									
田 밭전 사냥할전						丨冂冊田田			
左									
左 왼좌						一ナ左左左			
主									
主 주인주						丶一十主主			
且									
且 또차 장차차						丨冂月月且			
出									
出 날출						丨屮屮出出			
他									
他 다를타						丿亻𠂉他他			
打									
打 칠타						一丁扌扌打			

平									
平 평평할평				一 ㄱ 口 乎 平					
布									
布 베포 베풀포 布施<보시>				一 ナ 才 冇 布					
必									
必 반드시필				ゝ ㄱ 必 必 必					
乏									
乏 없을핍 다할핍				丿 ㇇ ㇆ ㇉ 乏					
穴									
穴 구멍혈				ヽ 宀 宀 宀 穴					
乎									
乎 어조사호				ノ ⺍ 丷 乎 乎					
弘									
弘 클홍				一 ㄱ 弓 弘 弘					
卉									
卉 풀훼 많을훼				一 十 土 卉 卉					
忉									
忉 근심할도				ヽ ㇀ ㅐ 忉 忉					

叵									
叵 어려울파					一 丆 豆 叵 叵				
江									
江 강강 큰내강					丶 冫 氵 汀 汀 江				
曲									
曲 굽을곡 곡조곡					丶 冂 巾 曲 曲 曲				
共									
共 한가지공 함께공					一 十 廿 쁘 共 共				
光									
光 빛광					丨 丨 丷 业 业 光				
交									
交 사귈교					丶 亠 亠 产 产 交				
伎									
伎 재주기					丿 亻 亻 什 伎 伎				
吉									
吉 길할길					一 十 士 吉 吉 吉				
男									
男 사내남					丶 冂 田 田 男 男				

多									
多 많을다					ノ	ク	タ	多 多 多	
同									
同 같을동					丨	冂	冂	同 同 同	
列									
列 벌릴렬					一	丆	歹	歹 列 列	
老									
老 늙을로					一	十	土	耂 耂 老	
吏									
吏 아전리					一	丆	百	百 吏 吏	
妄									
妄 망령될망					丶	亠	亡	亡 妄 妄	
名									
名 이름명					ノ	ク	タ	夕 名 名	
牟									
牟 클모 소울모					㇒	厶	亽	牟 牟 牟	
米									
米 쌀미					丶	丷	米	半 米 米	

百									
百 일백백					一 丁 下 百 百 百				
伏									
伏 엎드릴복					ノ イ 亻 仆 伏 伏				
寺									
寺 절사					一 十 土 士 寺 寺				
死									
死 죽을사					一 丁 歹 歹 死 死				
色									
色 예쁜계집색 빛색					ノ 刀 凸 刍 名 色				
西									
西 서녘서					一 丆 丙 两 西 西				
先									
先 먼저선					ノ 卜 屮 生 先 先				
舌									
舌 혀설					一 二 千 千 舌 舌				
守									
守 지킬수					丶 宀 宀 宀 守 守				

收									
收 거둘수 모을수					ノ 丩 屮 収 收 收				
夙									
夙 이를숙					) 几 凡 凡 夙 夙				
旬									
旬 열흘순					ノ 勹 勹 旬 旬 旬				
式									
式 법식					一 二 于 王 式 式				
臣									
臣 신하신					一 丅 至 至 乏 臣				
安									
安 편안안 어찌안					丶 丷 宀 安 安 安				
仰									
仰 우러를앙 믿을앙					ノ 亻 亻 亻 仰 仰				
羊									
羊 양양					丶 丷 艹 兰 羊 羊				
如									
如 같을여 만약여 부처이름여					く 夂 女 如 如 如				

汝								
汝 녀여						丶 氵 氵 氵 汝 汝		
亦								
亦 또역						丶 亠 亣 亣 亦 亦		
危								
危 위태할위						丿 𠂊 �� 产 冇 危		
有								
有 있을유						丿 十 犭 有 有 有		
肉								
肉 고기육						丨 冂 内 内 肉 肉		
衣								
衣 옷의						丶 亠 亣 亣 衣 衣		
伊								
伊 저이						丿 亻 亻 伊 伊 伊		
夷								
夷 동쪽오랑캐이						一 ㄱ ㄱ 弓 弓 夷 夷		
而								
而 말이을이						一 ㄷ ㄷ 丙 而 而		

耳								
耳 귀이					一 T F F 耳 耳			
印								
印 도장인 찍을인					´ ſ F E 印 印			
因								
因 인할인 인연인					丨 冂 冂 円 因 因			
任								
任 맡길임 맡아서책임질임					ノ 亻 亻 仁 仟 任			
字								
字 글자자					` 丶 宀 宁 字 字			
自								
自 스스로자 몸소자 부터자					ノ 亻 冂 自 自 自			
在								
在 있을재 살재					一 ナ オ ナ 在 在			
全								
全 온전전					ノ 人 人 수 全 全			
存								
存 있을존					一 ナ オ ナ 存 存			

竹									
竹 대죽					ノ	㇒	≁	⺮	竹
地									
地 땅지				一	十	土	圵	地	地
旨									
旨 뜻지 맛지			ノ	匕	乍	占	旨	旨	
池									
池 못지				丶	冫	氵	汋	池	池
至									
至 이를지 지극할지			一	厶	云	云	至	至	
次									
次 버금차 차례차			丶	冫	冫	次	次	次	
此									
此 이차				丨	丨	止	止	此	此
忖									
忖 헤아릴촌				ノ	丷	忄	忄	忖	忖
充									
充 찰충 가득할충			丶	一	云	云	充	充	

宅									
宅 집택					丶 丶 宀 宀 宅 宅				
合									
合 합할합 같을합					丿 人 人 仒 合 合				
行									
行 다닐행 갈행 항오항					丿 丿 彳 彳 行 行				
向									
向 향할향					丿 亻 冂 冋 向 向				
刑									
刑 형벌형					一 二 于 开 刑 刑				
好									
好 좋을호					く 乆 女 女 好 好				
朽									
朽 썩을후					一 十 才 木 木 朽				
休									
休 쉴휴					丿 亻 亻 仁 什 休				
兇									
兇 흉할흉					丿 乂 区 凶 兇 兇				

圮							
圮 무너질비				一 十 土 圠 圮 圮			
扠							
扠 집을차 작살차				一 寸 才 扌 扠 扠			
吒							
吒 입맞다실타				丶 冂 口 口 吒 吒			
陁							
陁 떨어질치				ㄱ ㄢ 阝 阝 陁 陁			
伽							
伽 절가				丿 亻 仃 伽 伽 伽			
却							
却 물러날각 도리어각				一 十 土 去 却 却			
角							
角 뿔각 대평소각<吹器>				丿 勹 勹 冇 角 角			
坎							
坎 구덩이감				一 十 土 圠 坎 坎			
坑							
坑 구덩이갱				一 十 土 圠 圠 坑			

更							
更 다시갱 고칠경				一 丆 百 亘 更 更			
車							
車 수레거 차차				一 丆 丙 百 亘 車			
劫							
劫 겁겁				一 十 土 去 去刂 劫			
見							
見 볼견				丨 冂 冃 目 貝 見			
決							
決 결단할결				丶 冫 氵 冫 決 決			
戒							
戒 경계할계				一 二 开 戒 戒 戒			
告							
告 알릴고 여쭐고				丿 丬 丄 告 告 告			
谷							
谷 골곡				丿 八 父 父 谷 谷			
困							
困 곤할곤				丨 冂 冂 用 困 困			

狂								
狂 미칠광					ノ ナ ナ ナ 狂 狂			
求								
求 구할구 찾을구					一 寸 ㋜ 才 求 求			
究								
究 궁구할구 다할구					丶 宀 宀 宂 究 究			
君								
君 임금군 그대군					フ ㄱ ㅋ 尹 君 君			
汲								
汲 물길을급					丶 冫 氵 汀 汲 汲			
那								
那 어찌나					フ 刀 月 邦 那 那			
卵								
卵 알란					丶 ㄷ 厈 卵 卵 卵			
尿								
尿 오줌뇨					フ コ 尸 尸 屌 尿			
但								
但 다만단					ノ 亻 彳 但 但 但			

冷									
冷 찰랭				丶 冫 冫 冷 冷 冷					
良									
良 어질량				丶 ㄱ ㅋ 皀 良 良					
牢									
牢 굳을뢰 우리뢰				丶 宀 宀 宀 宇 牢					
利									
利 이로울리				丶 二 千 才 禾 利					
里									
里 마을리				口 曰 日 甲 里 里					
忘									
忘 잊을망				亠 亡 亡 忘 忘 忘					
免									
免 면할면				丿 ク 凸 名 伊 免					
沒									
沒 빠질몰 잠길몰				丶 丶 氵 氵 沒 沒					
妙									
妙 묘할묘				く 乂 女 妙 妙 妙					

尾									
尾 꼬리미						ㄱ ㄱ 尸 尸 尾 尾			
坊									
坊 승사방〈僧舍〉						十 ナ 步 圹 坊 坊			
別									
別 다를별						ㄇ ㅁ 몸 另 別 別			
兵									
兵 병사병						㇍ ㅌ ㅌ 丘 兵 兵			
步									
步 걸음보						丨 ㅏ 止 半 井 步			
佛									
佛 부처불						ノ 亻 亻 亻 佛 佛			
伺									
伺 살필사 엿볼사						ノ 亻 亻 佰 佰 伺			
似									
似 같을사						ノ 亻 亻 似 似 似			
使									
使 하여금사 부릴사 가령사						ノ 亻 亻 佰 使 使			

沙								
沙 모래사					丶 氵 汀 氻 沙 沙			
私								
私 사사사					一 二 千 禾 私 私			
邪								
邪 간사할사					一 二 牙 牙 邪 邪			
序								
序 차례서					一 广 庐 庐 序 序			
成								
成 이룰성					ノ 厂 厂 成 成 成			
身								
身 몸신 몸소신 아이밸신					ノ 亻 亻 自 身 身			
辛								
辛 매울신 고생신 천간신					一 亠 亠 立 立 辛			
迅								
迅 빠를신					丿 九 丸 迅 迅 迅			
我								
我 나아					丿 二 千 于 我 我			

冶							
冶 쇠부릴야 잘닦을야					ン 冫 冶 冶 冶 冶		
言							
言 말씀언					丶 亠 言 言 言 言		
吾							
吾 나오					一 丁 五 五 吾 吾		
汚							
汚 더러울오					丶 冫 氵 氵 汚 汚		
位							
位 자리위					丿 亻 亻 仁 位 位		
臾							
臾 잠깐유					一 𠂉 F 臼 臾 臾		
邑							
邑 고을읍					丶 口 口 㕣 邑 邑		
矣							
矣 어조사의					𠃋 厶 乆 矢 矣 矣		
忍							
忍 참을인					刁 刃 刃 忍 忍 忍		

妊									
妊 아이밸임					〈 乂 女 女㇀ 女㇀一 妊				
作									
作 지을작					ノ 亻 亻⺊ 亻乍 作 作				
壯									
壯 씩씩할장					㇄ ㇄一 丬 丬一 丬土 壯				
杖									
杖 지팡이장 의지할장					一 十 才 木 村 杖				
材									
材 재목재					一 十 才 木 村 材				
災									
災 재앙재					〈 巜 巛 災 災 災				
低									
低 낮을저					亻 亻 亻㇀ 低 低 低				
赤									
赤 붉을적					一 十 土 亍 赤 赤				
折									
折 꺾을절					一 十 扌 扌 折 折				

弟									

弟 아우제 공경할제　　　　　`丶丷严弟弟`

助									

助 도울조　　　　　`１７月且助助`

足									

足 발족 만족할족　　　　　`丶口口足足足`

佐									

佐 도울좌　　　　　`ノイ个佐佐佐`

坐									

坐 앉을좌　　　　　`ノ人从丛坐坐`

住									

住 머무를주　　　　　`ノイ个什住住`

走									

走 달릴주 달아날주　　　　　`一十土キ丰走`

志									

志 뜻지　　　　　`一十士志志志`

抄									

抄 가릴초 베낄초　　　　　`一十才扌抄抄`

村								
村 마을촌			一 十 才 木 村 村					
吹								
吹 불취 악기불취			ㅣ 口 口 吀 吹 吹					
沈								
沈 잠길침 성심			丶 氵 汀 汋 沈 沈					
快								
快 쾌할쾌 시원할쾌			丶 忄 忄 忄 快 快					
把								
把 잡을파			一 十 扌 扣 把 把					
貝								
貝 조개패			ㅣ 冂 月 目 貝 貝					
吠								
吠 짖을폐			ㅣ 口 口 叶 吠 吠					
何								
何 어찌하			ノ 亻 亻 仃 何 何					
含								
含 머금을함			ノ 人 스 今 含 含					

血									

血 피혈　　　　　　　　　　ノ ⺊ 亇 冇 血 血

形									

形 형상형　　　　　　　　　一 二 于 开 开 形

孝									

孝 효도효　　　　　　　　　一 十 土 耂 孝 孝

吼									

吼 사자우는소리후　　　　ヽ 口 口 叮 吟 吼

希									

希 드물희 바랄희　　　　　ノ ㄨ 冬 爻 希 希

估									

估 상인고 값고　　　　　　ノ 亻 亻 什 估 估

佉									

佉 나라이름거　　　　　　ノ 亻 什 佐 佉 佉

坌									

坌 먼지분　　　　　　　　ノ 八 分 分 坌 坌

哜									

哜 먹을잡 씹을잡　　　　ヽ 口 口 口⁻ 吓 哜

佳								
佳 아름다울가					ノ 亻 仆 仹 佳 佳			
刻								
刻 새길각					、 亠 亥 亥 刻			
芥								
芥 겨자개					、 丷 十 艹 艼 芥			
居								
居 살거					一 コ 尸 尸 居 居			
怯								
怯 무서워할겁					丶 忄 忄 怯 怯 怯			
肩								
肩 어깨견					一 亻 戶 戶 肩 肩			
固								
固 굳을고					丨 冂 用 固 固 固			
孤								
孤 외로울고					一 了 子 孑 孤 孤			
供								
供 이바지할공 베풀공					亻 亻 仕 世 供 供			

空								

空 빌공 하늘공　　　　　丶 宀 宀 宂 空 空

果								

果 열매과 맺힐과　　　　　冂 曰 日 旦 甲 果

官								

官 벼슬관　　　　　丶 宀 宀 宁 官 官

怪								

怪 기이할괴　　　　　丶 忄 忄 忺 怿 怪

具								

具 갖출구 그릇구　　　　　冂 月 目 且 具 具

咎								

咎 허물구　　　　　丿 勹 夂 処 咎 咎

拘								

拘 잡을구　　　　　丆 扌 扌 扚 拘 拘

狗								

狗 개구 강아지구　　　　　丿 犭 犭 豹 狗 狗

屈								

屈 굽을굴　　　　　フ ユ コ 尸 尺 屈 屈

券								
券 문서권					丶 丷 亼 苩 券 券			
卷								
卷 책권권					丶 丷 亼 苩 券 卷			
近								
近 가까울근					丶 厂 斤 斤 近 近			
金								
金 쇠금 성김					丿 八 全 全 金 金			
肯								
肯 즐길긍					丨 卜 止 止 肯 肯			
其								
其 그기					一 十 卄 甘 其 其			
奇								
奇 이상할기					一 十 大 天 吞 奇			
奈								
奈 어찌나 어찌내					一 ナ 大 杏 奈 奈			
念								
念 생각념					丿 人 今 今 念 念			

杻									
杻 수갑추						一 丁 木 机 杻 杻			
泥									
泥 진흙니						一 氵 氵 沪 沪 泥			
到									
到 이를도						一 工 云 至 至 到			
毒									
毒 해할독 독할독						一 十 キ 毒 毒 毒			
東									
東 동녁동						一 戸 甴 車 東 東			
來									
來 올래						一 丁 丆 來 來 來			
戾									
戾 사나울려 휘어질려						一 厂 户 户 戾 戾			
劣									
劣 용렬할렬						ノ 八 小 少 劣 劣			
林									
林 수풀림						一 十 才 木 村 林			

抹								
抹 바를말					一 寸 才 扌 扌 抹 抹			
沫								
沫 물끓는거품말					丶 冫 氵 氵 汁 沫			
陌								
陌 밭두덕길맥					丁 彐 阝 阝 阡 陌			
盲								
盲 장님맹					亠 亡 亡 盲 盲 盲			
命								
命 목숨명					丿 人 人 合 合 命 命			
明								
明 밝을명					丨 冂 日 旫 明 明			
門								
門 문문					丨 冂 日 門 門 門			
物								
物 만물물					丿 宀 牛 牛 牞 物			
味								
味 맛미					丨 冂 口 口二 吀 味			

泯							
泯 빠질민 다할민					丶 氵 沪 泥 泯 泯		
珀							
珀 호박박					一 丁 王 玌 珀 珀		
返							
返 돌아올반					一 丆 厉 反 返 返		
拔							
拔 뽑을발					一 扌 扌 挷 抜 拔		
房							
房 방방					一 厂 戶 戶 房 房		
放							
放 놓을방 내칠방					丶 亠 方 方 扩 放		
法							
法 법법					丶 氵 氵 沣 法 法		
幷							
幷 아우를병 겸할병					丿 丷 幵 幵 幷 幷		
服							
服 먹을복 옷복 익힐복					丿 几 月 月 肟 服		

奉								
奉 받들봉					一 三 킈 夫 耒 奉			
孚								
孚 미쁠부 기를부					一 厂 爫 孚 孚			
阜								
阜 언덕부					丿 亻 卩 㠯 㠯 阜			
附								
附 붙을부					一 了 阝 阡 附 附			
奔								
奔 달아날분					一 大 本 쵸 本 奔			
拂								
拂 떨칠불					一 扌 扌 扌 拐 拂			
肥								
肥 살찔비					丿 刀 月 肥 肥 肥			
非								
非 아닐비 그를비					丿 킈 킈 非 非 非			
事								
事 일사 섬길사					一 丆 ロ 亐 亐 事			

尚								
尙 숭상할상 오히려상					ノ ⺌ ⺌ 冋 尚 尚			
牀								
牀 평상상					ㄥ ⺊ ㅓ 爿 爿 牀			
狀								
狀 모양상 문서장					ㄥ ㅓ 爿 爿 狀 狀			
昔								
昔 옛석					一 卅 芉 昔 昔			
姓								
姓 성성 <姓氏>					ㄑ 夂 女 㚢 姓 姓			
性								
性 성품성					ノ 十 忄 忄 性 性			
所								
所 바소 곳소					ノ 厂 户 所 所 所			
受								
受 받을수 담을수					ノ 丆 爫 爫 受 受			
垂								
垂 드리울수					ノ 一 二 壬 垂 垂			

叔									
叔 아재비숙					丨 上 卡 未 叔 叔				
承									
承 이을승					フ 了 手 丞 承 承				
昇									
昇 해돋을승 오를승					丨 日 旦 昇 昇 昇				
侍									
侍 모실시					ノ イ 仁 侍 侍 侍				
始									
始 처음시 바야흐로시					く 女 女 如 始 始				
屎									
屎 똥시					フ コ 尸 屍 屎 屎				
兒									
兒 아이아					ノ 丨 丆 臼 臼 兒				
阿									
阿 언덕아					フ ろ 阝 阿 阿 阿				
岸									
岸 언덕안					丨 屮 屵 屵 岸 岸				

夜								
夜 밤야					`、一ナ产夜夜`			
兩								
兩 두량 양량					`一 丙 兩 兩 兩`			
於								
於 어조사어					`、一方方於於`			
延								
延 미칠연 미적거릴연 맞을연					`ノ 千 正 延 延 延`			
臥								
臥 누울와					`一 T 三 手 臣 臥`			
宛								
宛 완연완 굽힐완					`、宀宀夗宛宛`			
玩								
玩 가지고놀완 보배완					`一 T 王 푯 玗 玩`			
往								
往 갈왕 옛왕					`ノ 彳 彳 彳 往 往`			
雨								
雨 비우					`一 丙 雨 雨 雨 雨`			

委									

委 맡을위 맡길위 버릴위 　　一二禾禾委委

乳									

乳 젖유 　　一厂乎孚乳

油									

油 기름유 　　氵氵汩油油

育									

育 기를육 　　一云亠育育

泣									

泣 울읍 　　氵氵汁泣泣

依									

依 의지할의 　　ノイ伫依依依

宜									

宜 마땅할의 宜　　丶宀宁宜宜

易									

易 쉬울이 바꿀역 　　丨冂日旦易易

各									

各 각각각 　　ノク夂冬各各

長								
長 긴장 오랠장 어른장					丨 ㄏ 트 토 長 長			
哉								
哉 어조사재					十 土 吉 哉 哉 哉			
爭								
爭 다툴쟁					ノ 爫 爭 爭 爭 爭			
咀								
咀 씹을저					丨 口 미 미 咀 咀			
底								
底 밑저					﹅ 广 庀 庀 底 底			
典								
典 법전 책전					丨 口 曰 典 典 典			
定								
定 정할정 고요할정					﹅ 宀 宀 守 定 定			
政								
政 정사정					一 下 丅 正 政 政			
制								
制 지을제 금할제 법제					ノ 仁 乍 制 制 制			

卒								
卒 별안간졸 군사졸 마칠졸					丶 亠 宀 坎 卆 卒			
宗								
宗 높일종 마루종					丶 宀 宀 宁 宇 宗			
呪								
呪 빌주 저주할주					丶 口 口 叹 呪 呪			
周								
周 두루주					ノ 冂 月 用 周 周			
注								
注 물댈주 기록할주					丶 氵 氵 沪 注 注			
枝								
枝 가지지					一 十 才 木 杧 枝			
知								
知 알지					ノ 𠂉 二 矢 知 知			
直								
直 바를직 곧을직 값치					十 十 古 方 有 直			
刹								
刹 절찰 탑찰					ㄨ ㄨ 乎 杀 剎 刹			

采							
采 캘채 일채 아름다울채				丶 厶 爫 乎 采 采			
妻							
妻 아내처				一 ヨ ヨ 中 妻 妻			
妾							
妾 첩첩 시비첩				丶 亠 ㄊ 立 妾 妾			
青							
青 푸를청				一 二 キ 主 青 青			
初							
初 처음초				丶 冫 犭 衤 衤 初			
取							
取 거둘취 받을취				厂 F 丆 耳 取 取			
治							
治 다스릴치				丶 冫 氵 氵 治 治			
枕							
枕 벼개침				一 十 木 朾 枕 枕			
陀							
陀 비탈타				丁 𠃌 阝 阝 陀 陀			

坼								
坼 찢을탁 터질탁 갈라질탁					一十土圢坼坼			
坦								
坦 평평할탄					一十土坦坦坦			
妬								
妬 투기할투					く 女 女 女 妬 妬			
波								
波 물결파 波羅蜜<바라밀>					冫 氵 氵 沪 波 波			
怖								
怖 두려울포					丶 忄 忄 忄 怖 怖			
泡								
泡 물거품포					丶 冫 氵 汋 泡 泡			
表								
表 겉표					一十主表表表			
彼								
彼 저피					ノ 彳 彳 彳 彼 彼			
河								
河 물하 강물하					冫 氵 氵 河 河 河			

幸									
幸 다행행					一 十 土 去 查 幸				
呼									
呼 부를호 숨내쉴호					口 口 口' 口'' 吁 呼				
狐									
狐 여우호					ノ 丁 犭 狐 狐 狐				
虎									
虎 범호					ト 卜 卢 虎 虎 虎				
或									
或 혹혹 의심낼혹					一 戸 豇 或 或 或				
忽									
忽 깜짝할홀 잊을홀					ノ 勹 勿 忽 忽 忽				
和									
和 화할화					一 于 禾 禾 和 和				
況									
況 하물며황					二 氵 汀 汈 況 況				
肴									
肴 안주효					ノ 乂 犮 齐 肴 肴				

欣								
欣 기쁠흔					一 亻 斤 欣 欣 欣			
咄								
咄 탄식할돌 꾸짖을돌					丷 口 ロ 叫 咄 咄			
玫								
玫 매괴매					一 T 王 玝 玝 玫			
怕								
怕 두려울파					丶 亻 忄 忄 怕 怕			
怙								
怙 믿을호					丶 亻 忄 忄 怙 怙			
枷								
枷 칼가					一 寸 木 朷 朷 枷			
珂								
珂 백마노가					一 T 王 玝 珂 珂			
迦								
迦 부처이름가					フ カ 加 加 迦 迦			
看								
看 볼간					一 三 禾 禾 看 看			

疥										
疥 옴개					一广疒疒疒疥					
皆										
皆 다개					一ㅏㅏ比毕皆					
客										
客 손객					、宀穴𠃓客客					
炬										
炬 횃불거					、火炒灯炬炬					
建										
建 세울건					フョ彐聿建建					
蓋										
蓋 우산개 덮을개					十丗並苦蓋蓋					
界										
界 지경계					冂𠔼田甼界界					
計										
計 셀계 꾀할계					一言言言計					
故										
故 연고고					一十古故故故					

枯									
枯 마를고					一 十 木 朴 枯 枯				
苦									
苦 괴로울고 씀바귀고					丨 ㅗ 卄 艹 苦 苦				
恐									
恐 두려울공					丁 工 巩 巩 恐 恐				
冠									
冠 갓관					冖 冖 冘 冠 冠 冠				
垢									
垢 때구 더러울구					十 土 ⼟ 圤 圻 垢				
軍									
軍 군사군					冖 冖 冝 冐 軍 軍				
剋									
剋 이길극					一 十 古 克 克 剋				
急									
急 급할급					丿 ク 刍 刍 急 急				
矜									
矜 자랑할긍					ㄱ ヌ 予 矛 矜 矜				

祇									
祇 땅귀신기 클기 공경할지						、 亠 ネ ネ 祇 祇			
紀									
紀 벼리기 해기						⺄ 幺 幺 糸 紀 紀			
南									
南 남녘남						十 广 丙 丙 南 南			
段									
段 조각단						厂 F 耳 耴 段 段			
待									
待 기다릴대						彳 彳 彳 什 待 待 待			
度									
度 지날도 법도도 헤아릴탁						、 广 产 广 庐 度			
陋									
陋 더러울루						乃 阝 阝 阿 陋 陋			
昧									
昧 어두울매						丨 冂 日 旷 昧 昧 昧			
每									
每 매양매						丶 宀 勾 每 每 每			

勉								
勉 힘쓸면					ノ ク 乃 免 免 勉			
面								
面 얼굴면					一 丁 丙 而 面 面			
某								
某 아무모					一 廿 甘 其 某 某			
苗								
苗 싹묘					十 ㅕ 艹 艼 甘 苗			
茂								
茂 풀우거질무					ㅣ 十 艹 艹 茂 茂			
眉								
眉 눈썹미					フ コ 尸 尸 眉 眉			
美								
美 아름다울미					ソ ン 三 至 羊 美 美			
迫								
迫 핍박할박					ノ 竹 白 迫 迫 迫			
拜								
拜 절배					一 三 手 手 拜 拜			

排								
排 밀칠배					丁 扌 扌 扗 扗 排			
背								
背 등배					丿 土 尢 北 背 背			
保								
保 보전할보					亻 伊 伊 保 保 保			
負								
負 짐질부					丿 勹 冎 肎 肎 負			
盆								
盆 동이분					八 尒 分 分 盆 盆			
卑								
卑 낮을비 천할비					丿 宀 鬥 田 串 卑			
毗								
毗 도울비 두터울비					冂 冂 田 毗 毗 毗			
飛								
飛 날비					乁 飞 飞 飛 飛 飛			
思								
思 생각사 원할사					冂 冂 田 思 思 思			

舍									
舍 사리사 집사					人 亼 合 佘 舍 舍				
珊									
珊 산호산					丁 王 玕 珊 珊 珊				
相									
相 서로상 바탕상 정승상					丁 木 朮 机 相 相				
徐									
徐 천천히서					丿 彳 彳亠 彳介 徐 徐				
宣									
宣 베풀선 펼선					丶 宀 宀 宣 宣 宣				
星									
星 별성					口 日 旦 早 星 星				
俗									
俗 풍속속 세상속 속인속					亻 亻 亻 俗 俗 俗				
首									
首 머리수					丶 丷 丷 首 首 首				
拾									
拾 주을습 열십					丁 才 扌 扒 拾 拾				

屍									
屍 주검시						丁 尸 尸 屌 屍 屍			
恃									
恃 믿을시						丶 忄 忄 忄 恃 恃			
施									
施 베풀시						二 方 方 旃 施 施			
是									
是 이시 바를시						冂 日 旦 早 昰 是			
食									
食 먹을식 밥식						人 𠆢 今 숩 食 食			
信									
信 믿을신						亻 亻 仨 住 信 信			
室									
室 집실 방실 아내실						丶 宀 宂 宓 室 室			
甚									
甚 심할심						一 廿 甘 甘 其 甚			
殃									
殃 재앙앙						一 歹 歹 㱰 㱰 殃			

哀									
哀 슬플애					丶 亠 古 享 享 哀				
耶									
耶 어조사야 그런가야					一 丁 耳 耳 耶 耶				
若									
若 반야야 같을약 만약약					一 十 廾 끗 꿎 若				
染									
染 물들일염					氵 氵 沈 沈 染 染				
迎									
迎 맞을영					一 ㄣ ㄇ 卬 迎 迎				
畏									
畏 두려울외					口 田 田 畏 畏 畏				
要									
要 구할요 종요로울요					一 冖 襾 西 要 要				
勇									
勇 날랠용					マ 丒 甬 甬 勇 勇				
郁									
郁 문채날욱 자욱할욱					丿 十 冇 有 有 郁				

怨									
怨 원망원 원수원					ク	タ	夘	処 怨 怨	
洹									
洹 흐를원					`	氵	汀	洹 洹 洹	
威									
威 위엄위 두려울위					ノ	厂	反	厏 威 威	
韋									
韋 다룬가죽위					ノ	五	吾	音 音 韋	
幽									
幽 그윽할유 어두울유					｜	幺	玄	幽 幽 幽	
柔									
柔 부드러울유					｀	고	予	矛 矛 柔	
律									
律 법칙률					｀	ｲ	彳	律 律 律	
音									
音 소리음 음악음					`	二	立	立 音 音	
姨									
姨 이모이					女	女	女	妒 妒 姨	

咽									
咽 목구멍인					丨 口 叫 吖 咽 咽				
者									
者 놈자					十 土 耂 者 者 者				
前									
前 앞전					⌄ ⍳ 广 肖 前 前				
貞									
貞 곧을정					丨 ⺊ 片 卢 貞 貞				
帝									
帝 임금제 하느님제					亠 ナ 产 产 帝 帝				
除									
除 제할제					了 阝 队 阽 陉 除				
柱									
柱 기둥주					一 十 才 木 朴 柱 柱				
重									
重 무거울중 거듭중					ノ 二 台 盲 重 重				
卽									
卽 곧즉 나아갈즉					丨 ⺄ ㅋ 皀 皀 卽 卽				

持									
持 가질지 지킬지					一 寸 扌 扗 持 持				
指									
指 가리킬지 손가락지					一 寸 扌 扑 指 指				
枳									
枳 탱자지 해할기					一 寸 木 朩 枳 枳				
珍									
珍 보배진					一 丁 王 珎 珍				
泉									
泉 샘천					一 白 白 泉 泉				
穿									
穿 뚫을천 꿸천					丶 宀 宂 空 穿 穿				
剃									
剃 털깎을체					丷 兰 옹 弟 弟 剃				
則									
則 곧즉 법칙칙					冂 冃 貝 貝 則 則				
勅									
勅 신칙할칙 칙서칙					一 日 申 束 束 勅				

侵								
侵 범할침 침노할침					ノ 亻 亻 伊 侵 侵			
怠								
怠 게으를태					ㄥ ㅿ 台 台 怠 怠			
胎								
胎 애밸태 처음태					丿 月 肝 肸 胎 胎			
唄								
唄 염불소리패 노래부를패					口 口 叭 呗 唄 唄			
便								
便 편할편 문득변 똥오줌변					亻 亻 佢 佢 便 便			
品								
品 품수품 물건품					口 口 吕 吕 品 品			
風								
風 바람풍					丿 几 凡 凨 凨 風			
恨								
恨 한할한					丶 忄 忄 恨 恨 恨			
限								
限 막힐한 한정한					乛 阝 阝 阳 限 限			

咸									

咸 다함　　　　　　　　　丿厂厂厅咸咸

巷									

巷 거리항 마을항　　　　　一艹丱共共巷

恒									

恒 항상항 항하사항　　　　丨忄忄恒恒恒

降									

降 내릴강 항복할항　　　　3阝阝阫降降

香									

香 향기향　　　　　　　　一二千禾香香

活									

活 살활 활발할활　　　　　丶冫汙活活

廻									

廻 돌아올회　　　　　　　冂冂冋囬廻廻

厚									

厚 두터울후 친절할후　　　厂厂厈厚厚厚

後									

後 뒤후　　　　　　　　　丿彳彳袶後後

洽									
洽 젖을흡 화할흡					`丶 氵 汁 汖 洽 洽`				
喎									
喎 입삐뚤어질괘					`冂 田 咼 咼 咼 咼`				
柅									
柅 무성할니					`一 十 木 杧 柅 柅`				
悋									
悋 아낄린					`丶 十 忄 忄 悋 悋`				
眇									
眇 애꾸눈묘					`丨 月 目 目 眇 眇`				
哶									
哶 양울미					`冂 口 口 哶 哶 哶`				
畋									
畋 밭갈전 사냥할전					`冂 田 田 畋 畋 畋`				
苫									
苫 이엉점					`丶 艹 艹 艹 苫 苫`				
胗									
胗 부스럼진 입술틀진					`丿 月 月 胗 胗 胗`				

哆								
哆 클치 입술늘어질차					ロ ロ ロタ 哆 哆 哆			
玻								
玻 유리파					一 丁 王 玗 玻 玻			
姣								
姣 해해<兆의백배> 백조해					く 夂 女 女 姣 姣			
家								
家 집가					、 宀 宀 宁 家 家			
剛								
剛 굳셀강					ノ 冂 門 用 岡 剛			
缺								
缺 이지러질결					ト 上 午 缶 缶 缺			
兼								
兼 겸할겸					ノ ソ 亠 늘 争 兼 兼			
莖								
莖 줄기경					+ ナ 艹 莁 莁 莖			
桂								
桂 계수나무계					丁 木 朾 杜 桂 桂			

庫								
庫 곳집고					丶广广庐庫庫			
高								
高 높을고					丶亠亣咼髙高			
哭								
哭 울곡					口 吅 哭 哭 哭 哭			
骨								
骨 뼈골					口 呬 呬 严 骨 骨			
恭								
恭 공순할공					一 廿 艹 共 恭 恭			
蚣								
蚣 지네공					口 中 虫 虫 虾 蚣			
校								
校 학교교 교정할교					一 十 木 朴 柊 校			
俱								
俱 함께구					亻 们 但 俱 俱 俱			
宮								
宮 집궁 궁궐궁					丶 宀 宁 宁 宮 宮			

躬									
躬 몸궁						′ ⺆ 身 身 射 躬			
倦									
倦 게으를권						亻 亻′ 亻″ 佚 倦 倦			
鬼									
鬼 귀신귀						′ ⺆ 甶 甶 鬼 鬼			
根									
根 뿌리근						一 寸 木 杧 根 根			
氣									
氣 기운기 날씨기						丿 ⺁ 气 气 氣 氣			
耆									
耆 늙은이기						土 耂 老 者 者 耆			
記									
記 기록할기						亠 言 言 訁 訌 記			
豈									
豈 어찌기						ノ 山 屵 岂 岂 豈			
起									
起 일어날기						十 土 耂 走 起 起			

納								
納 들일납					ノ ㄠ 幺 糸 納 納			
能								
能 능할능					ㄥ 育 育 育 能 能			
袒								
袒 옷벗어맬단					ヽ ラ 衤 衤 袒 袒			
答								
答 대답답					ト 竹 炊 炊 答 答			
唐								
唐 황당할당 당나라당					广 庐 庐 庚 唐 唐			
倒								
倒 엎드러질도 뒤집어질도					亻 亻 伍 伍 倅 倒			
逃								
逃 달아날도					ノ 丬 扎 兆 逃 逃			
珞								
珞 구슬목걸이락					一 丁 王 珍 玖 珞			
浪								
浪 물결랑					シ ジ 氵 浔 浪 浪			

狼								
狼 이리랑					ノ 犭 犭 犲 狼 狼			
流								
流 흐를류					㇋ 氵 氵 浐 浐 流			
留								
留 머무를류					´ ⺈ 网 畄 留 留			
倫								
倫 인륜륜 짝륜 무리륜					亻 亻 佮 佮 佮 倫			
馬								
馬 말마					丨 ⺊ ㇆ 斥 馬 馬			
曼								
曼 아름다울만 멀만					冂 日 count 冒 冕 曼			
眠								
眠 잠잘면					丨 目 目 𣅀 眠 眠			
冥								
冥 어둘명					冂 冖 冃 冝 冥 冥			
迷								
迷 미혹할미					ヽ 丷 乑 米 迷 迷			

般									
般 옮길반 일반반						´ 丿 了 月 舟 舮 般			
舫									
舫 쌍배방 사공방						´ 丿 了 月 舟 舫 舫			
倍									
倍 갑절배						亻 亻 佇 倅 倍 倍			
病									
病 병들병						一 广 疒 疒 病 病			
峰									
峰 봉우리봉 峯						丨 山 屿 峪 峰 峰			
紛									
紛 어지러울분						ㄥ ㄠ ㄠ 糸 紛 紛			
秘									
秘 비밀할비 신비할비						´ 千 禾 利 秘 秘			
娑									
娑 세상사 춤추는모양사						氵 氵 沙 沙 娑 娑			
師									
師 스승사 어른사 군사사						´ 亻 户 㠯 師 師			

桑									
桑 뽕나무상 　桒　　　　又 圣 叒 叒 桒 桑									

索									
索 찾을색 새끼삭　　　　　十 ホ 击 索 索 索									

書									
書 글서 편지서　　　　　　フ ヨ 書 聿 書 書									

席									
席 자리석　　　　　　　　　亠 广 庐 庐 席 席									

城									
城 재성 서울성　　　　　　一 ナ 圵 坊 城 城									

消									
消 사라질소 다할소　　　　冫 氵 沙 泸 消 消									

笑									
笑 웃음소　　　　　　　　　ノ 竹 竹 竺 竺 笑									

孫									
孫 손자손　　　　　　　　　フ 了 子 孫 孫 孫									

悚									
悚 두려워할송　　　　　　　丶 忄 忄 忄 悚 悚									

送									
送 보낼송						｀ ｀´ ｀´ 关 送 送			
修									
修 닦을수						ｲ ｲｲ ｲ´ ｲ´ 攸 修			
殊									
殊 다를수 죽을수						一 ﾌ 歹 歹 殊 殊			
純									
純 순수할순						＜ 幺 糸 糸 紵 純			
乘									
乘 탈승 수레승 곱할승						ノ 二 千 乖 乘 乘			
陞									
陞 오를승						ﾋ ｱ ﾋｱ 阝ｱ 阼 陞			
時									
時 때시 가끔시						丨 日 日一 日十 時 時			
息									
息 쉴식 숨쉴식 자식식						ノ ｲ´ 自 自 息 息			
神									
神 귀신신 신통할신						ﾉ ｸ 示 礻丨 示日 神			

- 75 -

訊								
訊 물을신					一 言 言 訊 訊			
案								
案 안석안 책상안					宀 安 安 安 案			
弱								
弱 약할약					一 弓 弓 弱 弱			
凉								
凉 서늘할량 맑을량					冫 冫 冫 冫 凉 凉			
掩								
掩 가릴엄 닫을엄					扌 扌 扌 扶 掩 掩			
與								
與 더불여					一 F 臼 與 與			
逆								
逆 거스를역 배반할역					丷 屰 屰 逆 逆			
宴								
宴 잔치연 즐길연 편안할연					宀 宀 宴 宴 宴			
捐								
捐 버릴연					扌 扌 捐 捐 捐			

悅									
悅 즐거울열						ノ 忄 忄 忄 悅 悅			
涅									
涅 죽을널 진흙날 本音널 涅槃<열반>					; 氵 沪 渇 渇 涅				
盈									
盈 찰영 가득할영						ノ 乃 及 及 盈 盈			
娛									
娛 즐거울오						く 夕 女 妇 妇 娛			
悟									
悟 깨달을오						ノ 忄 忄 忏 悟 悟			
烏									
烏 까마귀오						ノ 竹 白 白 烏 烏			
浴									
浴 목욕할욕						ヽ ; 氵 沁 浴 浴			
辱									
辱 욕될욕 욕할욕						一 厂 厂 辰 辱 辱			
涌									
涌 솟아날용						ヽ ; 氵 沪 涌 涌			

原									
原 근원원						一厂厉原原原			
恩									
恩 은혜은 恩					冂曰田因恩恩				
益									
益 더할익						ゝ丷并若益益			
茵									
茵 요인<褥也>					丶十艹芢茵茵				
恣									
恣 방자할자						ゝ冫次次恣恣			
宰									
宰 주관할재 재상재					﹑宀宀空宰宰				
財									
財 재물재						冂月目貝財財			
疽									
疽 등창저						丶广犭疖疽疽			
展									
展 펼전 열전						㇆尸尸屏展展			

祖								
祖 할아비조					、 ラ 禾 剂 刟 祖			
座								
座 자리좌 지위좌					、 广 广 广 座 座			
珠								
珠 구슬주 진주주					一 T 王 珎 珠 珠			
酒								
酒 술주					氵 氵 沂 洒 洒 酒			
容								
容 얼굴용					、 宀 宀 突 容 容			
眞								
眞 참진 真					一 匕 片 自 直 眞			
陣								
陣 진진 싸움진					ㄱ 阝 阝 阾 阵 陣			
疾								
疾 빠를질 병질					一 广 疒 疒 疟 疾			
借								
借 빌릴차					亻 亻 仕 借 借 借			

差									
差 틀릴차						ソ ゛ ナ 芦 考 差			
捉									
捉 잡을착						一 才 扣 押 捉 捉			
倉									
倉 곳집창						人 今 今 今 倉 倉			
涕									
涕 눈물체 울체						冫 氵 沪 涕 涕 涕			
草									
草 풀초						一 艹 艹 苩 莗 草			
追									
追 쫓을추						ノ 亻 户 自 追 追			
畜									
畜 쌓을축 기를축						一 亠 玄 产 斉 畜			
臭									
臭 냄새취 향기취						亻 白 自 皂 臭 臭			
値									
値 값치 만날치						ノ 亻 亻 仿 値 値			

致									
致 이를치 극진할치					一 云 至 至 致 致				
秤									
秤 저울칭					一 二 千 禾 秆 秤				
耽									
耽 즐길탐					一 耳 耳 耵 耽 耽				
泰									
泰 클태					一 三 夫 未 春 泰				
討									
討 칠토 찾을토					二 主 言 言 討 討				
退									
退 물러갈퇴					7 ヨ 艮 艮 退 退				
特									
特 특별할특 숫소특					一 忄 牛 牜 特 特				
破									
破 깨뜨릴파					一 丁 石 矿 砂 破				
陛									
陛 섬돌폐					了 阝 阣 阰 陛 陛				

捕									
捕 사로잡을포						一 扌 扌 扩 捅 捕			
疲									
疲 피곤할피						丶 广 疒 疒 疲 疲			
畢									
畢 마칠필						口 日 田 田 畢 畢			
害									
害 해할해						丶 宀 宀 宀 宔 害			
海									
海 바다해						氵 氵 汇 海 海 海			
軒									
軒 초헌헌 추녀끝헌						一 日 旦 車 軒 軒			
狹									
狹 좁을협						丿 犭 犭 狄 狹 狹			
荊									
荊 가시형						丶 艹 艹 苂 荊 荊			
逈									
逈 멀형						丨 冂 冋 冋 逈 逈			

桓								
桓 굳셀환				一 十 才 木 桓 桓				
晃								
晃 밝을황 환히빛날황				口 日 旦 旦 昇 晃				
悔								
悔 뉘우칠회				丶 忄 忄 忄 悔 悔				
訓								
訓 가르칠훈 주낼훈				一 言 言 言 訓 訓				
胸								
胸 가슴흉				ノ 刀 月 肌 胸 胸				
訖								
訖 마칠글 이를흘				一 言 言 言 訐 訖				
悋								
悋 아낄린				丶 忄 忄 忄 悋 悋				
恚								
恚 성낼에				十 土 丰 圭 恚 恚				
蚖								
蚖 살모사완				口 中 虫 虫 蚖 蚖				

旂									
旂 기전					亠 方 方 於 旂 旂				
梅									
梅 단향목전					丁 木 才 朽 柠 梅				
欬									
欬 기침해					亠 古 亥 亥 欬 欬				
竛									
竛 비틀거릴령					亠 立 立 立 竛 竛				
假									
假 거짓가 가령가					亻 仁 但 但 俏 假				
脚									
脚 다리각					刀 月 肚 胠 脚 脚				
紺									
紺 보랏빛감					乡 幺 糸 紆 紺 紺				
强									
强 강할강					丁 弓 弘 弱 强 强				
乾									
乾 하늘건 마를건					十 古 古 卓 草 乾				

健								
健 굳셀건 건강할건						亻 亻⺄ 亻⺄ 亻圭 俳 健		
偈								
偈 글귀게						亻 亻⺄ 但 伊 偈 偈		
堅								
堅 굳을견						一 亍 𠂤 臣 臤 堅		
牽								
牽 당길견						一 玄 㐬 㝒 牽 牽		
竟								
竟 마칠경						一 亠 立 音 音 竟		
頃								
頃 아까경 백이랑경						匕 𠂂 坧 垍 頃 頃		
械								
械 틀계 형틀계						十 木 朮 枾 械 械		
皐								
皐 언덕고						ノ 𠂆 白 皁 皐 皐		
郭								
郭 성곽곽						一 古 亨 享 郭 郭		

教									
教 가르칠교					土 耂 考 孝 教 教				
膠									
膠 아교교					𠘨 月 刖 胛 膠 膠				
救									
救 건질구 구원할구					寸 才 求 求 求 救				
國									
國 나라국					门 冂 冋 囯 國 國				
眷									
眷 붙이권					丷 䒑 关 𢍏 眷 眷				
基									
基 터기					一 廿 甘 其 其 基				
既									
既 이미기					丁 彐 艮 艮 既 既				
飢									
飢 주릴기					人 今 今 食 食 飢				
惱									
惱 고달플뇌 번뇌할뇌					丶 忄 忄 㦗 惱 惱				

舍									

舍 사리불사　　　　　　　　　ノ 入 今 舎 舎 舍

荼									

荼 씀바귀도　　　　　　　　　丶 十 卄 艾 荅 荼

堂									

堂 마루당　　　　　　　　　ノ 丷 兴 尚 堂 堂

動									

動 움직일동　　　　　　　　　一 亡 亘 重 動 動

逗									

逗 머무를두　　　　　　　　　一 口 戸 豆 逗 逗

得									

得 얻을득　　　　　　　　　ノ 彳 伊 律 得 得

略									

略 간략할략　　　　　　　　　丨 冂 田 畍 略 略

梁									

梁 들보량　　　　　　　　　丶 氵 汈 汲 梁 梁

連									

連 이을련　　　　　　　　　一 亡 亘 車 連 連

鹿								
鹿 사슴록					一广广产鹿鹿			
累								
累 쌓을루					冂由田罢累累			
勒								
勒 굴레륵					十廿苎草靳勒			
陵								
陵 언덕릉					了阝阡阹陵陵			
梨								
梨 배리					二禾利利梨梨			
麻								
麻 삼마					一广庁床麻麻			
莫								
莫 말막					丶卝艹苢苴莫			
望								
望 바라볼망					一亡切切望望			
覓								
覓 구할멱 찾을멱					一四产肖貝覓			

務								
務 힘쓸무					ㄫ ㄋ 予 矛 矜 務			
問								
問 물을문					丨 冂 冂 門 門 問			
密								
密 깊을밀 빽빽할밀					丶 宀 宀 宓 宓 密			
屛								
屛 병풍병					一 尸 尸 屈 屈 屛			
瓶								
瓶 병병 물장군병					丶 冫 幷 幷 瓶 瓶			
婦								
婦 며느리부 여자부					乆 女 奵 婦 婦 婦			
浮								
浮 뜰부					冫 冫 浮 浮 浮 浮			
趺								
趺 도사리고앉을부					口 무 무 趺 趺 趺			
部								
部 거느릴부 나눌부					二 立 立 咅 部 部			

崩									
崩 부서질붕 황제가죽을봉					｜ 山 屵 岸 前 崩				
貧									
貧 가난할빈					八 今 分 分 貧 貧				
捨									
捨 버릴사 줄사					丁 才 扩 拎 捨 捨				
斜									
斜 빗갈사					八 今 余 余 斜 斜				
莎									
莎 향부자사					一 艹 艹 艿 莎 莎				
蛇									
蛇 뱀사					口 中 虫 虵 蚋 蛇				
産									
産 낳을산 자산산					亠 立 产 产 斉 産				
殺									
殺 죽일살 감할쇄					乂 予 杀 杀 殺 殺				
商									
商 장사상 헤아릴상					亠 方 产 产 商 商				

常								
常 항상상					丶 丷 冹 尚 常 常			
逝								
逝 갈서 죽을서					扌 扌 扩 折 逝 逝			
惜								
惜 아낄석 가엾을석					丶 忄 忄 忄 惜 惜			
旋								
旋 돌이킬선 돌선					一 亠 方 方 斿 旋			
船								
船 배선					丿 刀 舟 船 船 船			
設								
設 베풀설 가령설					一 言 言 言 記 設			
細								
細 가늘세 작을세					乚 幺 糸 糸 細 細			
速								
速 빠를속					一 日 束 束 速 速			
率								
率 거느릴솔 비례률					一 玄 玄 玄 率 率			

訟							

訟 송사할송 　　　　　一 言 言 言 訟 訟

衰							

衰 쇠할쇠 　　　　　一 亠 𠭇 衰 衰 衰

授							

授 줄수 부칠수 　　　　　亅 扌 扩 护 授 授

修							

修 닦을수 길수 아수라수 　　　　　亻 亻 仆 攸 修 修

宿							

宿 잘숙 머무를숙 성좌수 　　　　　丶 宀 宀 宀 宿 宿

淳							

淳 순박할순 　　　　　氵 氵 汢 淳 淳 淳

脣							

脣 입술순 　　　　　厂 厂 斤 辰 脣 脣

習							

習 익힐습 거듭습 　　　　　기 ヨ 羽 羽 習 習

悉							

悉 다실 알실 　　　　　丿 㐅 釆 釆 悉 悉

深								
深 깊을심					氵 氵 氵 氵 深 深			
眼								
眼 눈안 볼안					丨 目 目 目 眼 眼			
菴								
菴 암자암 우거질암					艹 艹 苂 荅 菴 菴			
野								
野 들야 야만야					日 甲 里 野 野 野			
魚								
魚 고기어					丿 乛 乛 𩵋 魚 魚			
婉								
婉 예쁠완 순할완					㇄ 女 女 婘 婉 婉			
欲								
欲 하고자할욕					𠂉 𠂎 谷 谷 欲 欲			
郵								
郵 역말우 우편우					二 乕 乗 垂 郵 郵			
唯								
唯 오직유 허락할유					口 叱 吖 唯 唯 唯			

惟									
惟 생각할유						ノ 忄 忄 忄 忄 惟			
陸									
陸 뭍륙						ㄱ 阝 阣 陸 陸 陸			
陰									
陰 그늘음 몰래음						ㄱ 阝 阣 陰 陰 陰			
異									
異 다를이						口 田 田 田 異 異			
移									
移 옮길이						二 千 禾 移 移 移			
疵									
疵 흠자						一 广 疒 疪 疵 疵			
將									
將 장수장 장차장 거느릴장						ㄴ ㄴ 爿 爿 將 將			
帳									
帳 휘장장						巾 帊 帐 帳 帳 帳			
張									
張 베풀장						ㄱ 弓 弘 張 張 張			

章									
章 문채장 글장					一 亠 立 咅 音 章				
莊									
莊 씩씩할장					一 丬 丬 丬 莊 莊				
寂									
寂 고요할적 쓸쓸할적					丶 宀 宀 宀 宋 寂				
笛									
笛 피리적					⺮ ⺮ 竹 笁 笛 笛				
專									
專 오로지전 모두전					一 丆 曰 重 專 專				
接									
接 잇닿을접 이을접					亅 扌 扌 护 接 接				
情									
情 뜻정 사랑정					丶 忄 忄 忄 情 情				
淨									
淨 깨끗할정 맑을정					氵 氵 氵 浐 浐 淨				
頂									
頂 이마정					丁 丁 丆 丏 頂 頂				

第								
第 차례제						ㄥ 竹 竺 笁 第 第		
造								
造 지을조						㇒ 圤 告 告 造 造		
鳥								
鳥 새조						㇒ ㇑ 冂 自 鳥 鳥		
族								
族 무리족 겨레족						㇒ 亓 方 方 斿 族		
從								
從 쫓을종 부터종 친척종						㇒ ㇒ 彳 从 从 從		
終								
終 마칠종 죽을종						幺 糸 終 終 終 終		
晝								
晝 낮주						㇀ 彐 聿 書 書 晝		
陳								
陳 베풀진 늘어놓을진						㇈ 阝 阝 陌 陳 陳		
執								
執 잡을집						土 去 幸 幸 執 執		

唱									
唱 노래할창						口 口 叨 唱 唱 唱			
彩									
彩 채색채						一 四 乎 采 彩 彩			
採									
採 캘채 취할채						扌 才 才 尹 挦 採			
責									
責 꾸짖을책 맡을책						一 十 主 青 責 責			
處									
處 살처 곳처						一 드 戸 厇 厇 處			
淺									
淺 얕을천						氵 汸 浅 浅 浅 淺			
淸									
淸 맑을청						氵 氵 汁 浐 淸 淸			
推									
推 밀추 옮을추 밀퇴						扌 才 扩 扩 扩 推			
逐									
逐 물리칠축 쫓을축						一 丁 豖 豖 逐 逐			

悴								
悴 근심할췌 파리할췌				丶 忄 忄 忙 怵 悴 悴				
側								
側 곁측				亻 亻 但 側 側 側				
脫								
脫 벗어날탈				丿 丿 月 肸 脫 脫				
貪								
貪 탐할탐				人 人 今 今 貪 貪				
通								
通 통할통				乛 乃 乃 甬 涌 通				
堆								
堆 쌓을퇴 흙무더기퇴				十 土 圵 圵 圵 堆				
婆								
婆 할미파 婆婆<사바>				氵 汅 波 波 婆 婆				
敗								
敗 멸망할패 무너질패 패할패				冂 冃 目 貝 敗 敗				
偏								
偏 치우칠편				亻 亻 伊 偏 偏 偏				

閉								
閉 닫을폐					丨 冂 冃 門 閉 閉			
被								
被 미칠피 입을피					丶 亠 衤 祊 被 被			
荷								
荷 연꽃하 멜하					十 艹 艹 芢 荷 荷			
虛								
虛 빌허 거짓말허					十 与 卢 虍 虛 虛			
現								
現 나타날현 지금현					一 丁 王 珇 珇 現			
衒								
衒 팔릴현 자랑할현					彳 彳 衏 衍 衒 衒			
毫								
毫 긴털끝호 붓호					一 亠 亠 亳 毫 毫			
華								
華 빛날화 꽃필화					十 艹 艹 芇 華 華			
喚								
喚 부를환					口 吖 吩 唤 喚 喚			

患									
患 근심환					丨 吕 串 串 患 患				
梟									
梟 올빼미효					丿 亻 白 鳥 臬 梟				
罣									
罣 걸괘 걸릴괘					冂 罒 四 罒 里 罣				
掬									
掬 움킬국					丁 扌 扚 抅 掬 掬				
崛									
崛 우뚝솟을굴					丨 山 山ˊ 屵 岾 崛				
棙									
棙 평고대려					一 丁 木 杧 杧 棙				
匾									
匾 엷을변					一 匚 匚 匜 匾 匾				
鉐									
鉐 놋쇠석					人 仐 仐 金 釒 鉐				
啀									
啀 으르렁거릴애					冂 口 叮 呀 啀 啀				

蔙								
蔙 뻗을연 풀이름연					十 艹 苎 荓 蔙 蔙			
蚰								
蚰 그리마유					口 中 虫 蚓 蚰 蚰			
婬								
婬 음탕할음					女 女 奵 奵 姪 婬			
捶								
捶 종아리추					寸 才 扩 捶 捶 捶			
埵								
埵 언덕타					土 圹 圹 埵 埵 埵			
毚								
毚 토끼새끼누					⺌ 小 少 劣 㲋 毚			
烳								
烳 연기일발					丶 火 灶 炉 烳 烳			
裦								
裦 책갑질					一 亠 求 袤 裦 裦			
訶								
訶 꾸짖을가 本音하 摩訶<마하>					一 亠 言 言 詞 訶			

跒								
跒 도사리고앉을가				口 무 足 跀 跒 跒				
間								
間 사이간 잠시간				丨 冂 冃 門 門 間				
渴								
渴 목마를갈				氵 汅 渇 渇 渇 渴				
堪								
堪 견딜감 맡을감				土 圤 圳 坩 堪 堪				
敢								
敢 감히감 용맹스러울감				工 干 丟 耳 取 敢				
減								
減 덜감				氵 汋 汈 沜 減 減				
開								
開 열개				丨 冂 門 門 問 開				
結								
結 맺을결				幺 糸 紶 結 結 結				
經								
經 경서경 지날경				幺 糸 紵 經 經 經				

雇									
雇 머슴고 품팔고					´ 厂 戸 戸 屛 雇				
貴									
貴 귀할귀					口 中 虫 青 貴 貴				
棘									
棘 가시나무극					口 巾 束 軟 棘 棘				
極									
極 지극할극					一 寸 木 朽 極 極				
筋									
筋 힘줄근					ʎ 竹 笁 筁 筋 筋				
琴									
琴 거문고금					丁 王 玨 珏 琹 琴				
禽									
禽 새금					人 亼 今 禽 禽 禽				
給									
給 줄급					幺 糸 糸 糸 給 給				
幾									
幾 얼마기 거의기					幺 丝 絟 絟 幾 幾				

欺									
欺 속일 기						一 十 其 其 欺 欺			
勞									
勞 수고로울 로						丷 火 炏 炏 烃 勞			
腦									
腦 머릿골뇌 정신뇌						刀 月 胐 胐 腦 腦			
單									
單 홀로 단						口 吅 吗 畄 畄 單			
短									
短 짧을 단						丿 ㅏ 矢 知 短 短			
屠									
屠 죽일도 백정도						㇐ 尸 尸 屋 屖 屠			
渡									
渡 건널 도						丶 氵 汘 泲 渡 渡			
盜									
盜 도둑 도						丶 氵 次 汯 谘 盜			
萄									
萄 포도나무 도						十 艹 芍 芍 萄 萄			

都								
都 모두도 도읍도					十 土 耂 者 都 都			
棟								
棟 동자기둥동					寸 木 柯 栢 棟 棟			
童								
童 아이동					亠 굿 产 音 童 童			
兜								
兜 도솔천도 투구두					丿 ⺉ 日 白 㐁 兜			
鈍								
鈍 무딜둔					人 牟 金 釒 釪 鈍			
等								
等 무리등					⺮ ⺮ 竺 笁 等 等			
絡								
絡 이을락 담쟁이락					幺 糸 紋 終 絡 絡			
量								
量 헤아릴량					曰 旦 㝵 㫑 量 量			
裂								
裂 찢어질렬					歹 列 烈 㸚 裂 裂			

猛									
猛 사나울맹						ノ ナ 犭 狂 猛 猛			
萌									
萌 풀싹맹						⺾ ⺾ 艹 萌 萌 萌			
無									
無 없을무						ノ 仁 無 無 無 無			
貿									
貿 무역할무						ィ ⺈ 卯 卯 貿 貿			
悶									
悶 번민할민						ㅣ 卩 門 門 悶 悶			
發									
發 펼발 일어날발						フ ヌ 癶 癶 發 發			
跋									
跋 밟을발						口 口 足 趴 跋 跋			
傍									
傍 곁방 의지할방						亻 仁 仳 仿 傍 傍			
梵									
梵 중의글범						十 木 林 林 梵 梵			

報									
報 갚을보						土 圥 幸 幸 報 報			
普									
普 두루보						⸝ 丷 ⺍ 並 普 普			
菩									
菩 보살보						艹 艹 艹 苎 菩 菩			
富									
富 부자부						宀 宀 宁 宫 富 富			
焚									
焚 불사를분						十 木 村 林 林 焚			
備									
備 갖출비						亻 亻 㐱 俈 俈 備			
婢									
婢 계집종비						乂 女 奵 婢 婢 婢			
悲									
悲 슬플비 불쌍히여길비						丿 丬 丬 非 悲 悲			
琵									
琵 비파비						一 丁 王 珏 琵 琵			

斯								
斯 이사					一 廿 甘 其 斯 斯			
散								
散 흩어질산					一 廿 苎 昔 背 散			
喪								
喪 죽을상 없어질상					一 口 而 両 喪 喪			
象								
象 코끼리상 형상상					ノ ク 乌 罗 象 象			
賞								
賞 상줄상					ノ ツ 肖 尚 賞 賞			
善								
善 착할선					ノ 소 兰 羊 善 善			
盛								
盛 성할성 많을성					厂 厈 応 盉 盛 盛			
疏								
疏 멀소 상소소					丁 下 疋 疋 跣 疏			
疎								
疎 멀소 트일소					下 疋 疋 距 跭 疎			

須									
須 모름지기수 잠깐수						′ ⧸ ⧸ 沪 須 須			
順									
順 순할순						） 川 川′ 順 順 順			
膝									
膝 무릎슬						刀 月 肚 䏌 膝 膝			
勝									
勝 이길승 나을승						月 月′ 朕 朕 勝 勝			
視									
視 볼시						二 礻 初 祖 祖 視			
植									
植 심을식 세울식						十 木 木 析 桁 植			
尋									
尋 찾을심 아까심 여덟자심						7 ㅋ 크 큶 큶 尋 尋			
雅									
雅 바를아 맑을아						二 另 邪 雅 雅 雅			
惡									
惡 악할악 미워할오 어찌오						一 丁 핏 乑 亞 惡			

愕									

愕 깜짝놀랄악　　　　　ノ忄忄愕愕愕

揚									

揚 들날릴양 나타낼양　　　寸扌扣扫揚揚

御									

御 모실어 임금어　　　　ノ彳彳彳御御

然									

然 그럴연　　　　　　　ノ夕夕狄狄然

詠									

詠 읊을영　　　　　　　亠言言訂訶詠

愚									

愚 어리석을우　　　　　冂日禺禺愚愚

遇									

遇 만날우　　　　　　　冂日禺禺遇遇

雲									

雲 구름운　　　　　　　一广雨雲雲雲

雄									

雄 수컷웅 영웅웅　　　　十ナ左雄雄雄

越									

越 넘을월　　　　　　　十 土 キ 走 赳 越

圍									

圍 에울위 지킬위　　　　门 門 周 圍 圍 圍

萎									

萎 시들위 둥굴레위　　　　艹 芐 芊 茱 萎 萎

喩									

喩 비유할유 깨우쳐줄유　　口 叺 叺 吟 喻 喩

猶									

猶 같을유 오히려유　　　　丿 犭 犷 猶 猶 猶

逸									

逸 숨을일 편안할일　　　　丿 含 免 兔 逸 逸

滋									

滋 번성할자 많을자　　　　氵 沪 泸 茲 滋 滋

紫									

紫 자줏빛자　　　　　　　十 止 止 此 紫 紫

殘									

殘 해할잔 남을잔　　　　　一 歹 戔 殘 殘 殘

場								
場 마당장 道場〈도량〉					土 圬 坦 垱 場 場			
掌								
掌 손바닥장 맡을장					⎹ ⎘ 㦯 浩 堂 掌			
載								
載 실을재					土 耂 吉 查 載 載			
猪								
猪 돼지저					ノ 丬 犭 犷 犴 猪			
詛								
詛 저주할조 헐뜯을조 〈俗音저〉					亠 言 言 訓 詛 詛			
絶								
絶 끊을절					幺 糸 糸 絆 絶 絶			
啼								
啼 울제					口 吣 呐 咈 啼 啼			
提								
提 들제 보리수리					扌 扌 担 捍 捷 提			
詔								
詔 조서조 가르칠조					亠 言 言 訓 訓 詔			

尊								
尊 높을존					八 今 酋 酋 尊 尊			
衆								
衆 무리중 많을중					丶 血 血 衆 衆			
曾								
曾 일찍증					丶 丷 甬 甬 曾 曾			
智								
智 슬기지					丿 上 矢 知 智 智			
進								
進 나아갈진					亻 亻 亻 隹 谁 進			
集								
集 모을집					亻 亻 亻 隹 隼 集			
著								
著 붙을착 지을저 나타날저					丶 艹 艹 芏 荖 著			
逮								
逮 미칠체					乛 ヨ 疌 肀 隶 逮 逮			
超								
超 뛰어넘을초					十 土 走 走 起 超			

最								
最 가장최 우뚝할최					冂 曰 旦 昌 最 最			
椎								
椎 쇠몽치추 칠추					丁 木 朴 柞 栌 椎			
就								
就 이룰취 나갈취					二 古 亨 京 就 就			
測								
測 헤아릴측 측량할측					氵 氿 泪 沮 浿 測			
惰								
惰 게으를타					八 忄 忄 忰 情 情			
湯								
湯 끓을탕					氵 氵 沪 浔 湯 湯			
痛								
痛 아플통					二 广 疒 疔 痛 痛			
琶								
琶 비파파					一 王 珏 珏 琵 琶			
販								
販 장사판 팔판					冂 月 貝 財 販 販			

寒								
寒 찰한					丶宀宀軍寒寒			
閑								
閑 한가할한					丨冂冃門閑閑			
許								
許 허락할허					亠言言訐訐許			
琥								
琥 호박호					一丁王玗琥琥			
惑								
惑 미혹할혹 의심낼혹					一豆或或惑惑			
惶								
惶 두려울황					丶丨忄忄悍悍惶			
黃								
黃 누를황					一廿艹苎苗黃			
毀								
毀 헐훼					ㅌ ㅌㅋ 臼 臾 毀 毀			
黑								
黑 검을흑					冂日里里黑黑			

喜									
喜 기쁠희 좋아할희						十 士 吉 吉 喜 喜			
詈									
詈 꾸짖을리						丨 四 吅 罒 罢 詈			
洒									
洒 뿌릴쇄						冫 冫 汁 沔 洒 洒			
鈸									
鈸 동발발〈바라보다작은악기〉						𠂉 午 金 釤 鈸 鈸			
痟									
痟 두통소						广 疒 疒 疒 痟 痟			
痤									
痤 뽀루지좌						亠 广 疒 疒 痤 痤			
矬									
矬 난장이좌 키작을좌						𠂉 卜 矢 矢 知 矬			
碑									
碑 옥돌차						丁 石 石 砠 砠 碑			
窗									
窗 창창						丶 宀 宂 宨 窗 窗			

掣									
掣 끌체 거리낄체 당길철					ノ 二 亽 制 制 掣				
徧									
徧 두루변 두루편					ノ 彳 彳 衤 徧 徧				
欻									
欻 문득훌					丷 ꞏ火 炏 炏 欻 欻				
頜									
頜 광대뼈굴					ノ 个 今 領 頜 頜				
匬									
匬 얇을제					一 丆 匚 匩 匬 匬				
感									
感 느낄감 감격할감					ノ 厂 后 咸 感 感				
渠									
渠 도랑거					冫 汀 沪 沪 渠 渠				
傾									
傾 기울어질경					亻 化 伫 佰 傾 傾				
敬									
敬 공경경					艹 芍 苟 苟 敬 敬				

輕								
輕 가벼울경					一 亘 旦 車 輕 輕			
穩								
穩 안온할온					千 禾 秆 稳 穩 穩			
賈								
賈 앉은장사고					一 冖 兩 西 賈 賈			
鼓								
鼓 북고					士 吉 壴 壴 鼓 鼓			
過								
過 넘을과 허물과					冂 田 咼 咼 過 過			
愧								
愧 부끄러워할괴					忄 忄 忄 愧 愧 愧			
溝								
溝 개천구					氵 氵 泔 溝 溝 溝			
鳩								
鳩 비둘기구					丿 九 朷 鸠 鳩 鳩			
群								
羣 群 무리군					フ ㄱ 尹 君 群 群			

窟									
窟 굴굴 움굴						宀 宂 宆 窌 窟 窟			
勤									
勤 부지런할근						丶 艹 苎 莗 菫 勤			
禁									
禁 금할금						十 木 林 埜 棼 禁			
棄									
棄 버릴기						亠 去 无 岙 棄 棄			
暖									
暖 더울난						丨 月 旿 睜 睍 暖			
寧									
寧 차라리녕 편안할녕						宀 応 応 寍 寍 寧			
亶									
亶 클단 믿을단						亠 亠 峏 峏 亶 亶			
達									
達 사무칠달 이룰달						土 幸 圭 幸 達 達			
當									
當 마땅당						丨 爫 屵 嵩 常 當			

塗								
塗 진흙도					㇈ 氵 沍 凃 塗 塗			
稻								
稻 벼도					二 禾 禾 秈 稻 稻			
道								
道 길도 말할도 도도					⺀ 丷 首 首 道 道			
頓								
頓 조을돈 그칠돈					一 云 𠃊 屯 頓 頓			
裸								
裸 벌거벗을라					㇈ 衤 衤 衵 裸 裸			
落								
落 떨어질락					艹 艹 荗 汝 落 落			
亂								
亂 어지러울란					一 ㇅ 乎 骨 𤔔 亂			
鈴								
鈴 방울령					人 乆 金 釒 鈴 鈴			
路								
路 길로					口 口 足 趵 政 路			

雷								
雷 우뢰뢰						一 厂 雨 雨 雷 雷		
裏								
裏 속리						亠 宣 重 裏 裏		
慢								
慢 거만할만						丶 忄 忄 侣 慢 慢		
萬								
萬 일만만						十 艹 苗 萬 萬 萬		
滅								
滅 멸할멸						氵 氵 泙 洜 滅 滅		
貌								
貌 모양모						勹 夕 夕 豸 豹 貌		
夢								
夢 꿈몽						十 艹 茜 夢 夢 夢		
舞								
舞 춤출무						亠 片 無 無 舞 舞		
微								
微 작을미						彳 彳 伊 徨 微 微		

愍							
愍 불쌍할민				ㄱ 𠃜 民 䍃 愍 愍			
蜜							
蜜 꿀밀				宀 宀 宓 宓 蜜 蜜			
搏							
搏 잡을박				扌 扌 捕 捕 搏 搏			
雹							
雹 우박박				一 冂 冊 雨 雫 雹			
鉢							
鉢 바릿대발				人 𠆢 金 釘 鉢 鉢			
輩							
輩 무리배				丨 扌 非 訾 輩 輩			
煩							
煩 번뇌할번 괴로울번				丶 火 火 炽 煩 煩			
魍							
魍 도깨비량				田 鬼 鬼 魍 魍 魍			
腹							
腹 배복				月 肝 肺 脯 腹 腹			

復									
復 회복할복 다시부					ノ亻仁復復復				
肆									
肆 베풀사 저자사 힘쓸사					ㅌ 镸 镸ㄱ 镸ㄹ 镸圭 肆				
傷									
傷 다칠상 해칠상 근심할상					亻 亻⺈ 亻⺈ 亻⺈ 傷傷				
想									
想 생각상					十 木 相 相 想 想				
詳									
詳 자세할상					丶 亠 言 言 詳 詳				
塞									
塞 막을색 변방새					宀 宀 宷 宲 塞 塞				
瑞									
瑞 상서서					丁 王 玜 玣 瑞 瑞				
鼠									
鼠 쥐서					ㄏ 臼 臼ㄱ 鼡 鼠 鼠				
聖									
聖 성인성					一 耳 耴 耵 聖 聖				

勢									
勢 권세세					土 夫 초 埶 勢 勢				
歲									
歲 해세 세월세 나이세					十 止 屵 芹 歲 歲				
損									
損 덜손 잃어버릴손					扌 才 护 損 損 損				
頌									
頌 칭송할송					八 公 公 䂞 頌 頌				
愁									
愁 근심수					二 禾 禾 秋 愁 愁				
睡									
睡 졸음수 잘수					冂 目 睅 睡 睡 睡				
遂									
遂 이룰수 마침내수					ν 芳 芳 㒸 遂 遂				
楯									
楯 난간순 방패순					寸 木 朾 柝 栃 楯				
瑟									
瑟 비파슬					丁 王 珏 珡 瑟 瑟				

慎								
慎 삼갈신						㇒ 忄 忄 忄 愃 慎		
新								
新 새신						亠 立 辛 亲 新 新		
暗								
暗 어두울암 몰래할암						丨 日 旷 旷 晗 暗		
愛								
愛 사랑애						爫 爫 爫 爯 愛 愛		
隘								
隘 좁을애 막을애						𠂤 阝 阝𠫓 阹 隘 隘		
業								
業 일업 일할업						丷 业 业 業 業 業		
椽								
椽 서까래연						寸 木 朼 松 椓 椽		
煙								
煙 연기연						丶 火 炉 炯 炯 煙		
鉛								
鉛 납연						人 𠂉 金 釠 鉛 鉛		

葉								
葉 잎엽 성섭 迦葉<가섭>					一 艹 世 世 華 葉			
裔								
裔 후손예 옷뒷자락예					一 十 衣 裔 裔 裔			
詣								
詣 이를예 나아갈예					一 言 言 言 詣 詣			
嗚								
嗚 탄식할오					口 미 呌 吶 嗚 嗚			
奧								
奧 속오 깊을오					′ 冂 向 奧 奧 奧			
寤								
寤 잠깰오 깨달을오					′ 宀 宀 宇 寐 寤			
蜈								
蜈 지네오					口 虫 虸 蚂 蜈 蜈			
搖								
搖 흔들요					寸 扌 扌 揢 搖 搖			
傭								
傭 머슴용 품팔이꾼용					亻 广 俌 俌 傭 傭			

圓								
圓 둥글원				冂冋冏冏圓圓				
園								
園 동산원				冂円周周園園				
謂								
謂 이를위				一言言訁謂謂				
爲								
爲 할위 위할위 생각할위				一ư ㄢ 厈 爲 爲				
瑋								
瑋 옥위 진귀할위				一丁 王 珒 珒 瑋				
葦								
葦 갈대위				十 艹 茓 苦 葦 葦				
違								
違 어길위				丆 吾 吾 韋 違 違				
愈								
愈 나을유 더욱유				八 ᄉ 佘 佥 俞 愈				
遊								
遊 놀유 유세할유				二 方 方 斿 游 遊				

逾								
逾 더욱유 넘을유					人 亼 俞 俞 逾 逾			
慄								
慄 두려울률					丶 忄 忄曲 忄曲 慄			
飮								
飮 마실음					人 亽 亽 亽 飮 飮			
意								
意 뜻의 생각의					亠 立 咅 音 意 意			
義								
義 옳을의					丶 ㅛ 王 羊 羊 義			
溢								
溢 넘칠일					氵 氵 汴 淡 溢 溢			
賃								
賃 품팔이임 세낼임					亻 仁 任 任 賃 賃			
慈								
慈 사랑자					丶 亠 玄 玆 慈 慈			
煮								
煮 삶을자 익을자					十 土 耂 者 者 煮			

資								
資 재물자 도울자					ゝ 沙 次 浐 資 資			
賊								
賊 도적적					八 月 貝 財 賊 賊			
傳								
傳 전할전					亻 仁 但 伸 傳 傳			
殿								
殿 큰집전					⁻ 尸 屈 屛 殿 殿			
電								
電 번개전					一 冖 帀 雨 雷 電			
照								
照 비칠조 비교할조					日 昭 昭 照 照 照			
稠								
稠 빽빽할조 本音주					二 千 禾 秆 稠 稠			
腫								
腫 부스럼종					八 月 肝 肝 腫 腫			
罪								
罪 허물죄					冂 四 四 罒 罪 罪			

窺							
窺 엿볼규				冖 宀 空 突 新 窺			
嫉							
嫉 시새움질				乂 女 女 妒 妒 嫉			
楚							
楚 가시나무초 매질할초 나라초				十 木 林 林 梺 楚			
稚							
稚 어릴치				二 千 禾 秆 秆 稚			
置							
置 둘치 버릴치 베풀치				冖 四 罒 罘 署 置			
馱							
馱 짐실을타				厂 丌 馬 馬 馬 馱			
馳							
馳 달릴치				一 厂 馬 馬 馬 馳			
塔							
塔 탑탑				土 耂 圤 垃 垯 塔			
稟							
稟 줄품 여쭐품 稟				一 亠 高 禀 禀 稟			

豊								
豊 더북할풍 풍년풍					冂 曲 曲 豊 豐 豐			
筆								
筆 붓필					㇒ 竹 笁 竺 筆 筆			
逼								
逼 가까울핍					一 口 亯 畐 逼 逼			
瑕								
瑕 옥티하					T 王 王' 玾 珅 瑕			
解								
解 쪼갤해 풀릴해					㇒ 勹 角 觧 觧 解			
嫌								
嫌 의심할혐					乂 女 女' 妗 婦 嫌			
瑚								
瑚 산호호					T 王 刊 玷 瑚 瑚			
號								
號 부를호 이름호					口 号 號 號 號 號			
畫								
畫 그림화 그을획					一 コ 𦘒 聿 書 畫			

會									
會 모을회 모둘회					人 仒 亼 會 會 會				
犍									
犍 불깐소건 짐승이름건					亻 牛 牜 牱 犍 犍				
傴									
傴 구부릴구 곱사등이구					亻 仁 佢 佢 傴 傴				
蜋									
蜋 말똥구리랑					口 中 虫 虯 蜋 蜋				
睞									
睞 사팔눈이될래					冂 目 盯 盰 睞 睞				
辟									
辟 편벽될벽 임금벽					그 尸 启 居 辟 辟				
尟									
尟 적을선 드물선					一 廿 甘 甚 尟 尟				
瘂									
瘂 벙어리아					疒 疒 疧 疨 瘂 瘂				
蜒									
蜒 그리마연 구불구불할연					口 虫 虫 虵 蜒 蜒				

呰									
呰 헐뜯을자					ㅏ 止 此 呰 呰				
眥									
眥 개싸울재					口 마 吡 眥 眥				
緇									
緇 칡베치 수놓을치					ㄥ 幺 糸 紁 緇 緇				
駞									
駞 낙타탁					ㅣ 丨 馬 馬 駞 駞				
裓									
裓 옷자락극					丶 ㇇ 衣 衤 裓 裓				
歌									
歌 노래할가					一 哥 哥 哥 歌 歌				
閣									
閣 층집각					ㅣ 阝 門 門 閣 閣				
竭									
竭 다할갈					一 立 竭 竭 竭 竭				
甄									
甄 질그릇견					日 西 覀 甄 甄 甄				

遣							
遣 보낼견					ロ 虫 告 書 遣 遣		
槁							
槁 마른나무고					丁 才 木 朽 槁 槁		
穀							
穀 곡식곡					士 吉 𠮷 𠧧 𣪠 穀		
寡							
寡 적을과 과부과					宀 宀 宀 宣 寘 寡		
魁							
魁 으뜸괴 괴수괴					𠂉 仃 田 鬼 鬽 魁		
緊							
緊 급할긴 요긴할긴					玉 玊 臤 臤 緊 緊		
端							
端 바를단 실마리단					亠 立 立 丷 端 端		
踏							
踏 밟을답					ロ 甲 足 跙 跶 踏		
臺							
臺 집대 돈대대					士 吉 高 壴 臺 臺		

銅									
銅 구리동					人 㒰 金 釦 鉰 銅				
漏									
漏 샐루					氵 沪 沪 渇 漏 漏				
瑠									
瑠 유리돌류					丁 王 玠 珋 珋 瑠				
璃									
璃 유리리					丁 王 玒 珋 璃 璃				
瑪									
瑪 옥돌이름마					丁 王 玒 珥 瑪 瑪				
寞									
寞 고요할막					宀 宀 帘 帘 寞 寞				
滿									
滿 가득할만					氵 汁 沙 沛 滿 滿				
蔓									
蔓 덩굴만					艹 艹 苩 萬 蔓 蔓				
網									
網 그물망					幺 糸 紉 網 網				

瞑								
瞑 눈감을명					丨目 貯瞑瞑瞑			
鳴								
鳴 울명					口叮 咱咱鳴鳴			
蒙								
蒙 입을몽 어릴몽					十艹 艹艹蒙蒙			
聞								
聞 들을문					丨尸 門門聞聞			
槃								
槃 즐거울반					丨舟 舣般般槃			
罰								
罰 벌줄벌					罒罒罒罰罰罰			
僕								
僕 종복					亻亻′亻″僕僕僕			
福								
福 복복					冫衤 衤衤福福			
腐								
腐 썩을부					广广府府腐腐			

鄙								
鄙 더러울비 비천할비					口 丹 昂 啚 鄙 鄙			
鼻								
鼻 코비					竹 自 鳥 畠 畠 鼻			
賓								
賓 손님빈					宀 宀 宇 宲 賓 賓			
算								
算 셈놓을산 산술산					𥫗 𥫗 竹 筲 算 算			
像								
像 모양상 닮을상					亻 伊 伊 伊 像 像			
嘗								
嘗 맛볼상 일찍상					业 严 尚 尚 営 嘗			
誓								
誓 맹세할서					丁 扌 扌 折 折 誓 誓			
說								
說 말씀설 기뻐할열 달랠세					亠 言 言 言 說 說			
誠								
誠 정성성 진실성					亠 言 言 訁 誠 誠			

誦									
誦 외일송 말할송					亠 言 言 訒 誦 誦				
壽									
壽 목숨수 오래살수					二 三 丰 圭 壽 壽				
瘦									
瘦 파리할수 여윌수					亠 广 疒 疳 瘦 瘦				
銖									
銖 무딜수 중량이름수					人 今 金 釒 銈 銖				
僧									
僧 중승					亻 伙 伙 伵 僧 僧				
飾									
飾 꾸밀식					人 今 食 飠 飾 飾				
實									
實 열매실 사실실					宀 宊 宲 實 實 實				
漁									
漁 물고기잡을어					氵 氵 氵 渔 漁 漁				
語									
語 말씀어					亠 言 言 言 語 語				

輿									

輿 수레여

演									

演 펼연 익힐연

筵									

筵 자리연

厭									

厭 싫어할염

榮									

榮 영화영

預									

預 미리예 참여할예

誤									

誤 잘못할오

獄									

獄 옥옥 우리옥

遙									

遙 멀요 노닐요

踊									
踊 뛸용						口 子 足 趵 踊 踊			
遠									
遠 멀원						土 吉 吉 袁 遠 遠			
維									
維 벼리유 발어사유						幺 糸 糸 絆 絆 維			
慇									
慇 은근할은						厂 户 臼 肌 殷 慇			
銀									
銀 은은						人 牟 金 釒 鈩 銀			
疑									
疑 의심할의						匕 ヒ 矣 矣 鋩 疑			
爾									
爾 너이						一 ハ 尸 爾 爾 爾			
障									
障 막힐장 가리울장						彡 阝 障 障 障 障			
滴									
滴 물방울적						氵 氵 氵 洴 滳 滴			

漸								
漸 차차점 번질점					冫冫冫冫冫漸漸			
精								
精 세밀할정 익숙할정 신령정					丷半 粐精精			
整								
整 정돈할정					日束 敕 敕 整整			
際								
際 가제 만날제					了阝 阡 陘 際際			
齊								
齊 가지런할제					亠文亣旅亦齊			
種								
種 종류종 씨종 심을종					千禾禾稻種種			
塵								
塵 티끌진					广广严鹿鹿塵			
盡								
盡 다할진 모두진 극진할진					㇆肀圭肀盡盡			
察								
察 살필찰					宀宀宀宀宜察察			

暢								
暢 통할창 화창할창					日 申 即 䀲 暢暢			
綵								
綵 오색비단채					幺 糸 糹 綵 綵 綵			
諂								
諂 아첨할첨					丶 言 言 訁 諂 諂			
輒								
輒 문득첩 번번이첩					日 旦 車 軒 輒 輒			
聚								
聚 모을취 많을취					丅 耳 取 聚 聚 聚			
漆								
漆 옷칠할칠					氵 汁 沐 泆 漆 漆			
稱								
稱 일컬을칭 저울칭					二 禾 禾 秒 稱 稱			
頗								
頗 자못파					丨 厂 皮 皮 頗 頗			
弊								
弊 해질폐					丶 冂 㡀 敝 敝 弊			

葡									
葡 포도나무포					丶丷 艹 苟 葡 葡				
飽									
飽 배부를포					人 今 食 飢 飽 飽				
漂									
漂 뜰표 움직일표					氵 沪 洒 漕 漂 漂				
漢									
漢 아라한한 나라한 놈한					氵 氵 沙 芦 漢 漢				
豪									
豪 뛰어날호 굳셀호					一 古 亠 亭 豪 豪				
誨									
誨 뉘우칠회					一 言 言 訪 誨 誨				
慳									
慳 아낄간					丶丷 忄 慨 慳 慳				
蜣									
蜣 말똥구리강					口 虫 蚆 蚄 蜣 蜣				
篌									
篌 공후공					𠂉 竹 竻 筱 篌 篌				

誆								
誆 속일광 호릴광					丶 言 訂 訮 誆			
瑰								
瑰 구슬이름괴					丅 王 玘 珋 瑰 瑰			
匱								
匱 함궤 삼태기궤					一 口 西 严 匱 匱			
跪								
跪 꿇어앉을궤					口 足 趵 趵 跪 跪			
僮								
僮 아이동					亻 亻 伫 侉 倍 僮			
蓏								
蓏 열매라					十 艹 艿 蒁 蓏 蓏			
貍								
貍 삵괭이리					夕 多 豸 豹 貍 貍			
幔								
幔 막만〈휘장 천막〉					巾 帄 帄 幅 幔 幔			
竮								
竮 비틀거릴병					丶 立 立 竧 竮 竮			

賒									
賒 외상사 멀사					⺆ 貝 貝 賖 賒 賒				
蜿									
蜿 꿈틀거릴완 지렁이원					口 虫 虸 蜉 蜿 蜿				
瘖									
瘖 벙어리음					亠 广 疒 疒 疹 瘖				
憧									
憧 두려워할장					忄 忄 忄 憧 憧 憧				
摧									
摧 꺾을최					扌 扌 扩 扩 拼 摧				
閦									
閦 아축부처축 무리축					⺆ 門 門 閦 閦 閦				
眹									
眹 애꾸눈후					⺆ 貝 貝 貶 貶 眹				
摣									
摣 잡을자 잡을사					扌 扌 扩 扩 摣 摣				
價									
價 값가 가치가					亻 伊 價 價 價 價				

稼									
稼 심을가						一千禾秂稼			
駕									
駕 멍에가 멍에맬가						力加架架駕駕			
澗									
澗 산골물간						氵汁 澗澗澗澗			
慶									
慶 경사경						一广声鹿應慶			
頸									
頸 목경						一巫巠巠頚頸			
廣									
廣 넓을광						广广庐席廣廣			
歐									
歐 토할구 성구<姓也>						一亡品區歐歐			
窮									
窮 다할궁						宀宍穷窍窮窮			
劇									
劇 연극극 대단할극 많을극						广广虎豦劇			

瑙									
瑙 마노노					丁 王 珍 瑙 瑙 瑙				
幢									
幢 기당					口 巾 忄 忄 愔 幢				
德									
德 큰덕 은혜덕					ノ 彳 彳 袻 德 德				
蹈									
蹈 밟을도					口 平 足 距 蹈 蹈				
慮									
慮 생각려					卜 上 广 虍 盧 慮				
憐									
憐 불쌍할련					忄 忄 忄 悰 憐 憐				
練									
練 익힐련					幺 糸 紀 絅 紳 練				
蓮									
蓮 연꽃련					亠 艹 苜 葷 蓮 蓮				
領									
領 거느릴령					人 令 令 領 領 領				

論								
論 논할론					一 亠 言 訁 訡 論			
樓								
樓 다락루					寸 木 杞 楎 楼 樓			
輪								
輪 돌륜 바퀴륜					一 亘 車 軨 斬 輪			
履								
履 밟을리					一 尸 尺 屝 屦 履			
磨								
磨 갈마					一 广 床 麻 摩 磨			
罵								
罵 꾸짖을매					口 四 罒 罗 罵 罵			
賣								
賣 팔매					士 吉 壺 壳 賣 賣			
魅								
魅 도깨비매					白 由 鬼 鬼 魅 魅			
慕								
慕 생각할모 사모할모					十 艹 苩 莫 莫 慕			

廟								
廟 사당묘						一 广 庐 庫 廟 廟		
墨								
墨 먹묵						冂 日 里 黑 黑 墨		
撲								
撲 칠박						丁 扌 扌 挫 撲 撲		
髮								
髮 터럭발						厂 镸 長 髟 髮 髮		
蔔								
蔔 치자꽃복						十 艹 芍 茍 萄 蔔		
烽								
烽 연기자욱할봉						ヽ 火 火 烽 烽 烽		
敷								
敷 베풀부 펼부						一 由 重 専 尃 敷		
膚								
膚 살갗부						卜 卢 虍 虐 膚 膚		
誹								
誹 비방할비						丶 言 言 訃 訓 誹		

寫									
寫 베낄사 모뜰사					丶 宀 宀 寍 寫 寫				
賜									
賜 줄사					冂 目 貝 貝 賜 賜				
駟									
駟 사마사 사마수레사					ㅣ Γ 厂 馬 馬 駟				
澁									
澁 깔깔할삽 떨을삽					冫 氵 汼 涉 渋 澁				
數									
數 셈수 운수수 자주삭					口 吕 婁 婁 數 數				
誰									
誰 누구수					丶 言 言 計 訮 誰				
熟									
熟 익힐숙 삶을숙					丶 古 亨 孰 孰 熟				
審									
審 살필심 알아낼심					冂 宀 宋 家 審 審				
樂									
樂 즐길락 풍류악 좋아할요					白 絈 絴 樂 樂				

養								
養 기를양					✓ 丷 ⺷ 養 養 養			
億								
億 억억					亻 仁 俨 倍 倍 億			
緣								
緣 인연연					幺 糸 紅 絽 緣 緣			
輦								
輦 연련					二 夫 扶 替 替 輦			
熱								
熱 더울열					土 夫 幸 𡎺 執 熱			
銳								
銳 날카로울예 날쌜예					人 午 金 釒 鈔 銳			
隸								
隸 노예예 隸					士 圭 素 耒 耒 隸			
慾								
慾 탐낼욕 욕심욕					亻 仒 谷 欲 欲 慾			
憂								
憂 근심우					一 丆 百 頁 憂 憂			

僞										
僞 거짓위 속일위						亻 亻´ 亻″ 俘 偽 僞				
慰										
慰 위로할위 유쾌할위						二 尸 尿 尉 尉 慰				
衛										
衛 막을위 호위할위						彳 伊 佮 徫 衛 衛				
隱										
隱 숨을은						乛 阝 阡 阡 阡 隱				
誘										
誘 달랠유 꾀일유						二 言 言 訝 誘 誘				
潤										
潤 윤택할윤						氵 汀 洲 渊 澗 潤				
儀										
儀 거동의						亻 亻´ 佯 僕 儀 儀				
蔗										
蔗 사탕수수자						丷 艹 芹 莀 莀 蔗				
暫										
暫 잠깐잠						白 百 車 斬 暫 暫				

諍									
諍 간할쟁					亠 言 言 訢 諍				
敵									
敵 대적할적 원수적					亠 产 商 啇 敵				
適									
適 갈적 마침적					亠 产 商 啇 適 適				
箭									
箭 살전 <화살>					⺮ ⺮ 竺 笁 笁 箭 箭				
諸									
諸 모두제					亠 言 言 詳 諸				
潮									
潮 조수조					氵 沽 淖 淖 潮 潮				
調									
調 고를조 곡조조					亠 言 言 訓 調 調				
遭									
遭 만날조					一 曰 曲 曹 遭 遭				
澍									
澍 단비주 물쏟을주					氵 汁 浩 渣 澍 澍				

增									
增 더할증					十 扌 圠 圴 增 增				
憎									
憎 미워할증					丶 忄 忄 怡 憎 憎				
瞋									
瞋 성낼진 눈부릅뜰진					丨 目 目 貯 瞋 瞋				
震									
震 천둥소리진 진동할진					一 广 雨 雲 震 震				
質									
質 바탕질 모양질					丿 斤 所 斦 質 質				
遮									
遮 막을차 가릴차					丶 广 庐 庶 遮 遮				
撰									
撰 지을찬					十 扌 扣 押 撰 撰				
慙									
慙 부끄러울참					一 亘 車 斬 慙 慙				
瘡									
瘡 부스럼창					一 广 疒 疠 瘡 瘡				

擲									
擲 던질척					亅 扌 扩 挡 擲 擲				
賤									
賤 천할천 흔할천					冂 月 貝 貶 賎 賤				
踐									
踐 밟을천					口 卩 足 趺 跱 踐				
請									
請 청할청					丶 言 言 訃 請 請				
憔									
憔 파리할초					丶 忄 忰 忰 憔 憔				
醋									
醋 초초 잔돌릴작					冂 酉 酉 酢 酢 醋				
撮									
撮 당길촬 비칠촬					亅 扌 扌 押 撮 撮				
墜									
墜 떨어질추					丶 阝 防 隊 隊 墜				
皺									
皺 쭈그러질추					丶 刍 芻 皴 皺 皺				

趣								
趣 추장할취 뜻취					土 耂 走 起 趣 趣			
醉								
醉 술취할취					丆 酉 酉 醉 醉 醉			
齒								
齒 이치					丨 止 歩 쓰 齒 齒			
墮								
墮 떨어질타					㇀ 阝 阼 陸 隋 墮			
駝								
駝 약대타 실을타					丨 𠂉 馬 馬 駐 駝			
彈								
彈 탄알탄					一 弓 彈 彈 彈 彈			
歎								
歎 탄식할탄					十 艹 莄 菓 歎 歎			
廢								
廢 폐할폐					广 庁 庀 庩 廃 廢			
蔽								
蔽 가리울폐					十 艹 艹 芦 蔽 蔽			

暴							冂 日 昱 異 暴 暴	
暴 사나울포 드러날폭								
賢							丆 臣 臤 臤 賢 賢	
賢 어질현 나을현								
慧							丰 圭 耒 彗 慧 慧	
慧 총명할혜 밝을혜								
嬉							乆 女 女 姞 嬉 嬉	
嬉 즐거울희								
褰							宀 寒 寒 寒 寒 褰	
褰 걷을건								
憍							丶 丨 忄 忓 憍 憍	
憍 교만할교 방자할교								
憒							丶 丨 忄 忄 憒 憒	
憒 심란할궤 어두울궤								
噉							口 吅 啖 啗 噉 噉	
噉 씹을담								
黳							二 未 敖 黐 黳 黳	
黳 검은소리 검은소모								

鄰								
鄰 이웃린					丶 米 米 粦 鄰 鄰			
櫁								
櫁 침향나무밀					十 木 朾 柠 榕 櫁			
蝮								
蝮 살무사복					口 虫 虸 蛄 蝽 蝮			
頞								
頞 콧마루알〈콧대〉					宀 宊 安 頞 頞 頞			
嬈								
嬈 희롱할뇨 예쁠요					乄 女 妤 妓 嬈 嬈			
牖								
牖 창유					丿 片 牄 牅 牖 牖			
窊								
窊 삐뚤유 우묵할와					宀 宂 㝎 窊 窊 窊			
墀								
墀 섬돌지 섬돌위뜰지					土 圹 圷 坪 堰 墀			
隤								
隤 무너질퇴 무너질타					阝 阝 阝 阠 隤 隤			

- 158 -

篌							
篌 공후후					⺮ 竹 筌 筻 篌		
鬧							
鬧 시끄러울뇨					丨 ᄐ 鬥 鬥 鬧 鬧		
擧							
擧 들거					𠂉 𦥑 與 擧		
潔							
潔 맑을결					氵 浐 㓞 絜 潔		
稽							
稽 상고할계					二 禾 秂 秭 稽		
龜							
龜 거북귀 틀균					⺈ 阝 乜 龟 龜		
冀							
冀 하고자할기					十 北 兆 畨 冀		
器							
器 그릇기 도량기					口 吅 哭 哭 器		
憺							
憺 고요할담 편안할담					丶 忄 忄 㦛 憺		

擔								
擔 멜담 맡을담					扌 扌 扩 护 捲 擔			
曇								
曇 구름낄담					日 旦 昙 曇 曇 曇			
導								
導 인도할도					䒑 首 首 道 導 導			
覩								
覩 볼도					土 耂 者 者 覩 覩			
獨								
獨 홀로독					丿 犭 扪 犸 獨 獨			
頭								
頭 머리두					曰 豆 豆 � 頭 頭			
燈								
燈 등불등					丷 火 火 烍 熔 燈			
螺								
螺 소라라					口 虫 蚆 螺 蜾 螺			
歷								
歷 지날력					厂 厈 厤 厤 歷 歷			

盧									
盧 성로 술집로					卜 卢 虍 虐 盧 盧				
龍									
龍 용룡					立 育 育 青 龍 龍				
罹									
罹 근심할리 만날리					冂 四 罒 罒 罹 罹				
默									
默 잠잠할묵					冂 日 里 默 默 默				
縛									
縛 얽을박					幺 糸 紓 縛 縛 縛				
壁									
壁 바람벽벽					尸 居 居 辟 辟 壁				
辨									
辨 분별할변					立 辛 剃 剃 辨 辨				
奮									
奮 떨칠분					一 大 奔 奞 奮 奮				
臂									
臂 팔뚝비					𠃍 尸 居 辟 辟 臂				

頻									
頻 자주빈					ト 步 步 频 頻				
簁									
簁 왕대사					ト ⺮ ⺮ 管 筲 簁				
錫									
錫 줄석 주석석					人 仐 金 釗 鍚 錫				
膳									
膳 반찬선 먹을선					月 月 肝 胖 膳 膳				
醒									
醒 술깰성					一 丆 酉 酊 醒 醒				
燒									
燒 불사를소 불붙을소					㇀ 火 炸 烁 燒 燒				
樹									
樹 나무수					十 木 朴 桔 樹 樹				
輸									
輸 보낼수					百 車 軟 軑 輸 輸				
隨									
隨 따를수 나라이름수					㇇ 阝 陏 隋 隨 隨				

餓									
餓 굶을아					人 今 食 食' 飠 餓				
壓									
壓 누를압					厂 戶 戶 厭 厭 壓				
憶									
憶 생각억 기억할억					冫 忄 忄' 悟 憶 憶				
餘									
餘 남을여					人 今 食 食' 飠 餘				
閻									
閻 마을염 염라염					冂 冂 門 閂 閻 閻				
豫									
豫 미리예 기쁠예					龴 彐 予 預 豫 豫				
懊									
懊 원망할오 번뇌할오					冫 忄 忄' 悑 悒 懊				
擁									
擁 안을옹 옹위할옹					寸 扌 扩 抟 擔 擁				
繞									
繞 둘릴요 얽힐요					幺 糸 糽 結 繞 繞				

褥									
褥 요욕					丶 衤 衤 裉 褥 褥				
嶮									
嶮 험할험					山 山 屵 峆 嶮 嶮				
積									
積 쌓을적					千 禾 秄 秸 積 積				
戰									
戰 싸움전					口 罒 單 單 戰 戰				
靜									
靜 고요할정					一 丰 青 靑 靜 靜				
嚌									
嚌 맛볼제					口 口 吖 喃 嚌 嚌				
雕									
雕 새길조					冂 冃 周 鵰 鵰 雕				
錯									
錯 어긋날착 그릇할착					人 𠆢 金 鋯 鋯 錯				
餐									
餐 먹을찬 음식찬					卜 歺 奴 餐 餐 餐				

諦								
諦 살필체 이치체					丶 言 言 訃 諦 諦			
熾								
熾 불활활붙을치					丶 火 炉 焙 熾 熾			
緻								
緻 빽빽할치 헌옷기울치					幺 糸 紗 絙 緻 緻			
親								
親 친할친 몸소친					丶 立 辛 亲 新 親			
濁								
濁 흐릴탁					氵 沪 渭 渴 濁 濁			
擇								
擇 가릴택					扌 扌 押 捏 擇 擇			
澤								
澤 못택					氵 沪 涇 渭 澤 澤			
辦								
辦 힘들일판 갖출판					立 辛 刹 勃 瓣 辦			
諷								
諷 외울풍					丶 言 言 訊 諷 諷			

學									
學 배울학									
懈									
懈 게으를해									
險									
險 험할험 간약할험									
橫									
橫 가로횡									
曉									
曉 새벽효									
勳									
勳 공훈									
興									
興 일어날흥 홍치흥									
髻									
髻 상투계									
耨									
耨 김맬누 없앨누									

膩								
膩 때니 기름질니					ノ刀月肝膩膩			
儐								
儐 인도할빈 대접할빈					亻伫伫伊儐儐			
輭								
輭 연할연 연약할연					曰車車軯輭輭			
燄								
燄 불꽃염 불당길연					勹夕臽臽燄燄			
豬								
豬 돼지저					丁豸豕豝豭豬			
甎								
甎 벽돌전					曰叀專專甎甎			
澡								
澡 씻을조					氵氵沪浔浔澡			
鴟								
鴟 소리개치 올빼미치					亻氏氐鴟鴟鴟			
嘷								
嘷 짖을호					口叫咱嗄嘷嘷			

糠								
糠 겨강						ヽ丷米籵糠糠		
講								
講 강론할강 강구할강					一言言講講講			
踞								
踞 걸터앉을거					口足趴跙踞踞			
檢								
檢 교정할검 금제할검					十木朳检檢檢			
擊								
擊 칠격						豆車車毄擊擊		
謙								
謙 겸손할겸						一言言諫謙謙		
繫								
繫 맬계						豆車車毄擊繫		
谿								
谿 시내계						一爫奚谿谿		
舊								
舊 옛구 오랠구					一艹艹雈舊舊			

懃									
懃 은근할근					艹 苗 董 勤 懃 懃				
膿									
膿 고름농					月 肌 脓 膿 膿 膿				
檀									
檀 박달나무단					丨 木 栌 栌 檀 檀				
戴									
戴 머리에일대 모실대					土 㞢 壹 袁 戴 戴				
療									
療 병나을료					丶 广 疒 疼 療 療				
臨									
臨 임할림					彐 臣 臣丶 臨 臨 臨				
摩									
摩 만질마					丶 广 床 麻 磨 摩				
邁									
邁 멀리갈매					十 艹 苗 萬 邁 邁				
彌									
彌 두루미					𠃌 弓 犭 弥 彌 彌				

靡								
靡 없을미 쓰러질미					一广床麻靡靡			
薄								
薄 얇을박					一艹汁蒲薄薄			
謗								
謗 헐어말할방					一言言詳誘謗			
糞								
糞 똥분					丶半番番糞糞			
薩								
薩 보살살					一艹艹萨萨薩			
禪								
禪 고요할선					フネ礻衵襌禪			
鮮								
鮮 고울선 새선 생선선					ク角魚鮮鮮鮮			
聲								
聲 소리성					士声声殸聲聲			
雖								
雖 비록수					口吕虽虽雖雖			

濕									

濕 젖을습　　　　　　氵 氵 氵 渭 渭 濕 濕

薪									

薪 땔나무신　　　　　　十 艹 艻 荲 菥 薪

闇									

闇 어두울암 숨을암　　　丨 冂 門 門 閅 闇

臆									

臆 가슴억 뜻억　　　　　冂 月 胪 臆 臆 臆

營									

營 경영할영 다스릴영　　火 炏 炏 營 營 營

優									

優 넉넉할우 광대우　　　亻 亻 佢 值 優 優

鍮									

鍮 놋쇠유　　　　　　　人 亼 金 釒 鋓 鍮

鷄									

鷄 닭계　　　　　　　　爫 爫 奚 雞 雞 鷄

應									

應 응당응 응할응　　　　丶 广 疒 庵 雁 應

牆									
牆 담장						丬 爿 牁 牃 牆 牆			
藏									
藏 감출장						十 艹 芓 茊 葴 藏			
甎									
甎 담자리전						一 亠 靣 㐬 甏 甎			
點									
點 검은점점						日 里 黔 點 點 點			
濟									
濟 건늘제 구할제						氵 广 汁 浐 𣴎 濟			
燥									
燥 물기없을조						丷 火 灿 煐 煠 燥			
糟									
糟 지게미조						丷 半 米 籵 糟 糟			
縱									
縱 세로종						幺 糸 絲 縱 縱 縱			
蹉									
蹉 넘어질차 지날차						口 足 趴 跬 蹉 蹉			

薦								
薦 천거할천 짚자리천					艹 芦 萬 萬 薦			
總								
總 합할총 다총					幺 糹 紗 網 細 總			
聰								
聰 귀밝을총 민첩할총					丆 耳 耶 聊 聰			
醜								
醜 추할추 더러울추					一 冂 酉 酗 醜 醜			
縮								
縮 오그라질축 줄축					幺 糹 紵 紵 縮 縮			
鍼								
鍼 바늘침 찌를침					人 仐 金 釒 鈋 鍼			
避								
避 피할피					尸 呂 辟 辟 避 避			
壑								
壑 골학 구렁학					卜 卢 虍 叡 壑			
還								
還 돌아올환 돌려보낼환					罒 四 睘 睘 還 還			

膾									
膾 회칠회					丿 月 肸 胪 膾 膾				
碌									
碌 옥돌거					石 左 石ノ 石厂 石坙 碌				
蒢									
蒢 치자나무담					一 艹 艹 产 芓 蒢				
擣									
擣 두드릴도 찧을도					丁 扌 扌 捶 搗 擣				
闍									
闍 화장할사<火葬> 망루도					丨 丨 門 門 閇 闍				
蟒									
蟒 이무기망<왕뱀>					口 虫 虵 蚄 蛬 蟒				
鬑									
鬑 더벅머리봉					匚 長 髟 髟 髮 鬑				
鞞									
鞞 마상<馬上>북비					一 艹 芇 草 鞞 鞞				
擯									
擯 물리칠빈					丁 扌 扩 抒 擯 擯				

騃									
騃 어리석을애					ㅣ 厂 馬 駅 騃 騃				
顚									
顚 엎드러질전									
鴿									
鴿 집비둘기합					人 合 合 鴿 鴿 鴿				
戱									
戱 희롱할희 놀희					卜 虍 虐 虛 戱 戱				
艱									
艱 어려울간					卄 苩 莗 箽 艱 艱				
鎧									
鎧 갑옷개 투구개					人 牟 金 鈩 鎧 鎧				
瞿									
瞿 눈휘둥거릴구					冂 目 朋 瞿 瞿 瞿				
軀									
軀 몸구 허우대구					冂 身 身 身 軀 軀				
歸									
歸 돌아갈귀					㠯 㠯 歸 歸 歸 歸				

覲									
覲 뵈올근						⺾ 苦 堇 勤 勤 覲			
藍									
藍 쪽람						⺾ 苦 菩 藍 藍 藍			
禮									
禮 예도례						⼀ 礻 初 神 禮 禮			
謬									
謬 어긋날류						二 言 言 言 謬 謬			
邈									
邈 멀막						夕 豸 貊 貌 邈 邈			
騁									
騁 달릴빙 펼빙						冂 馬 馬 騁 騁 騁			
鎖									
鎖 가둘쇄 자물쇠쇄 쇠사슬쇄						个 金 釗 釗 鎖 鎖			
邃									
邃 깊숙할수						宀 宀 穴 家 邃 邃			
繩									
繩 줄승						幺 糸 糽 純 繩 繩			

顔								
顔 얼굴안					亠 产 彦 新 顔 顔			
額								
額 이마액 수효액					宀 岌 客 額 額 額			
擾								
擾 어지러울요					扌 扌 捛 捛 擾 擾			
曜								
曜 빛날요					日 日 旷 旷 曜 曜			
醫								
醫 의원의					匚 医 殹 殹 醫 醫			
藉								
藉 자리자 와자할적					艹 芏 荠 荠 藉 藉			
雜								
雜 섞일잡 어수선할잡					亠 杂 杂 新 新 雜			
轉								
轉 구를전 돌전					旦 車 軘 軘 轉 轉			
繒								
繒 비단증					幺 糸 紒 紒 繒 繒			

瞻								
瞻 쳐다볼첨					冂 貝 貯 貯 瞻 瞻			
叢								
叢 모일총 떨기총					业 业 菐 叢 叢 叢			
慼								
慼 찡그릴축					厂 厎 戚 戚 慼 慼			
蟲								
蟲 벌레충					口 虫 虫 蚰 蚰 蟲			
獲								
獲 얻을획					犭 犭 犷 猚 獲 獲			
薰								
薰 향풀훈					卝 芇 菩 萅 董 薰			
繚								
繚 비틀료 감길료					幺 糸 紋 統 綹 繚			
魍								
魍 도깨비망					由 鬼 鬼 魍 魍 魍			
懱								
懱 업신여길멸					忄 忄 忄 忄 懱 懱			

旛								
旛 기번〈깃발〉					一 方 扩 拚 斿 旛			
鼬								
鼬 족제비유					臼 貝 鼠 鼠 鼬 鼬			
鏡								
鏡 거울경					午 金 鈩 錇 鎬 鏡			
關								
關 관문관					丨 卩 門 關 關 關			
曠								
曠 밝을광 넓을광					日 旷 旷 睰 曠 曠			
壞								
壞 무너뜨릴괴					土 圵 圹 壞 壞 壞			
懶								
懶 게으를라					忄 忄 悚 悚 懶 懶			
難								
難 어려울난					艹 苩 菓 斳 斳 難			
羅								
羅 그물라 벌릴라					罒 罗 罗 罗 罗 羅			

類									
類 같을류 무리류						⺀ 丬 米 类 類 類			
離									
離 떠날리						一 㐫 离 离 離 離			
邊									
邊 가변						丆 自 臮 鼻 邊 邊			
覆									
覆 덮을부 돌이킬복						冖 襾 覀 覀 覆 覆			
譬									
譬 비유할비						𠃍 居 辟 辟 辟 譬			
辭									
辭 말씀사 사양할사						⺍ 丹 𤔔 𤔲 辭 辭			
簫									
簫 퉁소소		(箫 簫 簫)				⺁ 竹 竺 笨 箫 簫			
獸									
獸 짐승수						口 罒 單 單 獸 獸			
藪									
藪 덤불수 큰늪수						艹 苦 藪 藪 藪			

藥								
藥 약약					艹 苩 茍 兹 薬 藥			
穢								
穢 더러울예					千 禾 秕 稼 穢 穢			
願								
願 원할원					厂 盾 原 原 願 願			
鵲								
鵲 까치작					卄 艹 昔 䜌 鵲 鵲			
證								
證 깨달을증 증명할증					二 言 訁 訟 證 證			
癡								
癡 어리석을치					广 疒 疒 痴 癡 癡			
爆								
爆 폭발할폭					㇀ 火 炉 煜 爆 爆			
懸								
懸 달현 달릴현					丨 目 県 縣 懸 懸			
醯								
醯 초혜					厂 酉 酊 酼 酼 醯			

懷								
懷 생각할회 품을회					忄忄 忡 忡 懷 懷			
禰								
禰 아비사당녜					丆 礻 祁 祁 袮 禰			
蹬								
蹬 밟을등 오를등					口 足 趴 趴 蹬 蹬			
璢								
璢 유리려					丁 王 珎 琉 琉 璢			
礙								
礙 가로막을애 거리낄애					石 矿 硙 硙 碍 礙			
羶								
羶 누린내전					丷 羊 羊 羶 羶 羶			
鵰								
鵰 수리조					冂 用 周 鵰 鵰 鵰			
蹲								
蹲 웅크릴준					口 足 跻 蹲 蹲 蹲			
簸								
簸 까부를파					亇 竹 筲 箕 簸 簸			

幰								
幰 수레포장헌				巾 忙 怡 幛 幰 幰				
蠍								
蠍 전갈갈				口 虫 蜴 蝎 蝎 蠍				
覺								
覺 깨달을각				ㅌ 比 與 與 學 覺				
蹇								
蹇 이지러질건				门 宣 軍 寒 蹇 蹇				
競								
競 다툴경				立 音 竞 竞 競 競				
警								
警 경계할경				十 苟 敬 敬 警 警				
繼								
繼 이을계 継				幺 糸 糸 絲 繼 繼				
勸								
勸 권할권				十 苞 荜 雚 勸 勸				
斷								
斷 끊을단 断				絲 絲 繼 斷 斷 斷				

黨									
黨 무리당						丷 ⺌ 当 尚 黨 黨			
礫									
礫 조약돌력						石 石 砷 磔 磔 礫			
獵									
獵 사냥렵						犭 犷 猎 猎 獵 獵			
爐									
爐 화로로						丷 火 炉 炉 爐 爐			
蠃									
蠃 파리할리						一 亡 亩 盲 扁 蠃			
麵									
麵 국수면 밀가루면						夾 夾 麥 麥 麵 麵			
寶									
寶 보배보						宀 宝 寀 寳 寶 寶			
釋									
釋 부처이름석 풀석						乙 禾 釆 釋 釋 釋			
蘇									
蘇 깨어날소 나무할소						艹 芀 苗 蕉 蘇 蘇			

識									
識 알식 기록할지					訁言 諳諳 識識				
嚴									
嚴 엄할엄					口 吅 严 嚴 嚴 嚴				
響									
響 울릴향					乡 組 組 鄉 響 響				
議									
議 의논할의					訁言 言 諲 議 議				
籍									
籍 문서적					竹 竺 笁 箊 籍 籍				
體									
體 몸체					口 吅 骨 骨 體 體				
鐘									
鐘 쇠북종					牟 金 鈩 鈩 鍽 鐘				
籌									
籌 산가지주 꾀주					竹 竺 笓 笝 籌 籌				
竄									
竄 숨을찬					宀 灾 窜 窸 竄 竄				

闡									
闡 열천 밝힐천						丨 尸 門 閂 閶 闡			
觸									
觸 느낄촉 찌를촉						冫 彳 角 𩵋 觸 觸			
鬪									
鬪 싸움투						王 珏 鬥 鬭 鬪 鬪			
飄									
飄 회오리바람표						冖 西 票 飄 飄 飄			
獻									
獻 드릴헌						上 卢 虍 虐 虘 獻			
纊									
纊 솜광 솜옷광						幺 糸 糺 纊 纊 纊			
鐃									
鐃 징뇨						令 金 鈝 鋐 鐃 鐃			
闥									
闥 문달						广 門 門 闥 闥 闥			
黧									
黧 검을려 검을리						于 禾 秒 秢 䅶 黧			

魑									
魑 도깨비리					田 鬼 鬼 魑 魑 魑				
躄									
躄 안은뱅이벽 躃					尸 咠 辟 辟 躄 躄				
繽									
繽 어지러울빈					幺 糸 紜 紛 繽 繽				
蘱									
蘱 쌓을적 풀이름지					艹 芋 菲 菲 蘱 蘱				
變									
變 변할변					言 言 䜌 䜌 變 變				
灌									
灌 물댈관 물따를관					氵 汁 洴 潢 潅 灌				
懼									
懼 두려울구					忄 忄 悍 悍 懼 懼				
驅									
驅 몰구 쫓아보낼구					丨 冂 馬 駆 驅 驅				
癩									
癩 문둥병라					广 疒 疜 痳 癩 癩				

欄								
欄 난간란					丁 木 杧 枦 櫊 欄			
蘭								
蘭 난초란					艹 芦 門 蕑 蘭 蘭			
露								
露 이슬로 드러날로					一 戸 干 雷 霞 霞 露			
魔								
魔 마귀마 귀신마					广 床 麻 磨 魔 魔			
辯								
辯 말잘할변					立 辛 辛 辩 辯 辯			
饍								
饍 반찬선					人 今 食 飠 饍 饍			
齧								
齧 씹을설 깨물설					丰 刦 刧 契 齧 齧			
攝								
攝 잡을섭 가질섭					扌 扝 抈 搨 攝 攝			
屬								
屬 무리속 붙이속 이을촉					尸 尸 届 属 屬 屬			

續									
續 이을속					幺 糸 紆 續 續 續				
躍									
躍 뛸약					口 足 趵 躍 躍 躍				
瓔									
瓔 구슬목걸이영					丁 王 珇 瓔 瓔 瓔				
巍									
巍 높을외					山 屵 峖 巍 巍 巍				
饒									
饒 배부를요 넉넉할요					人 今 食 飠 饒 饒				
嚼									
嚼 씹을작					口 吅 哂 嚼 嚼 嚼				
纏									
纏 묶을전 둘릴전					幺 糸 紆 纏 纏 纏				
饌									
饌 반찬찬					人 今 食 飠 饌 饌				
護									
護 호위할호					言 言 詳 謹 護 護				

黮								
黮 검을담					日 里 黑 黙 黮 黮			
羼								
羼 양이뒤섞일찬					尸 屋 犀 羼 羼 羼			
龕								
龕 감실감					人 亽 合 畲 龕 龕			
權								
權 저울권 권도권 권세권					寸 才 术 栌 榷 權			
讀								
讀 읽을독 귀절두					言 言 詰 讀 讀 讀			
聾								
聾 귀먹을롱					立 青 龍 龍 聾 聾			
癬								
癬 버짐선					广 疒 疮 癬 癬 癬			
灑								
灑 뿌릴쇄					氵 氵 㴑 灑 灑 灑			
鬚								
鬚 턱수염수					髟 長 髟 髟 鬚 鬚			

鹽								
鹽 소금염					臣 臣ㄷ 臣ㅌ 臨 鹽 鹽			
齎								
齎 가져갈재					一 亦 亦 齊 齊 齎			
竊								
竊 좀도둑절 사사절					宀 宀 穴 穽 竊 竊			
鐵								
鐵 쇠철 단단할철					今 金 釒 釷 鐵 鐵			
聽								
聽 들을청					耳 耳 耴 耴 聽 聽			
歡								
歡 기뻐할환 좋아할환					艹 䒑 萑 雚 歡 歡			
驚								
驚 놀랄경					艹 芍 苟 敬 驚 驚			
邏								
邏 순라라					罒 罒 罒 羅 邏 邏			
戀								
戀 생각런 그리울런					言 信 䜌 䜌 戀 戀			

驢								
驢 당나귀려					厂 馬 馬 馿 驢 驢			
髓								
髓 뼛속기름수 마음속수					卍 骨 骨 骨 骨 骨 髓			
纓								
纓 갓끈영					幺 糸 纓 纓 纓 纓			
讚								
讚 기릴찬					亠 言 諮 諮 讚 讚			
鷲								
鷲 독수리취					古 京 就 就 鷲 鷲			
顯								
顯 나타날현 밝을현					曰 昌 㬎 㬎 顯 顯			
蠲								
蠲 밝을견 맑을견					一 益 益 蠲 蠲 蠲			
鼷								
鼷 새앙쥐혜					曰 𦣻 鼠 鼠 鼷 鼷			
衢								
衢 네거리구					彳 律 衢 衢 衢 衢			

攬								
攬 잡아다릴람 모울람					扌 扛 擇 擥 擥 攬			
讓								
讓 사양할양					亠 言 言 諄 諄 讓			
靈								
靈 신령령					亠 币 雨 霝 霝 靈			
癰								
癰 등창옹					广 疒 疳 痄 癰 癰			
囑								
囑 부탁할촉					口 吖 呷 嘔 嘱 囑			
顰								
顰 찡그릴빈					止 步 斯 頻 顰 顰			
靉								
靉 구름낄애					币 雨 雲 雲 雲 靉			
靆								
靆 그름낄체					币 雲 雲 雲 靆 靆			
觀								
觀 볼관					艹 苩 萑 藋 觀 觀			

- 193 -

鑞 땜납랍〈납과주석의합금〉

鑰 자물쇠약 빗장약

鑿 뚫을착

癵 병들어몸구부러질련

麤 거칠추

法華經漢字終

찾아보기

아래 伽에서 1은 伽耶迦葉이 있는 해석경의 쪽수, <26>은 이책의 가자가 있는 쪽수임.

가
伽 伽耶迦葉1<26>
佳 退亦佳矣55<37>
假 假使興害意 614<84>
價 價直百千兩金612<145>
加 益加恭敬551<11>
可 不可思議23<11>
家 其家大富152<68>
枷 杻械枷鎖603<53>
歌 歌歎於佛557<133>
珂 眉間毫相白如珂月646<53>
稼 百穀苗稼189<146>
跏 結跏趺坐220<102>
迦 迦樓羅613<53>
駕 駕以白牛108<146>

각
刻 刻雕成衆相72<37>
却 却坐一面359<26>
各 各作是念227<47>
脚 手脚繚戾663<84>
覺 成最正覺408<183>
角 擊鼓吹角貝73<26>
閣 重門高樓閣266<133>

간
干 若干言辭173<3>
慳 慳貪嫉妬61<143>
澗 無有山陵谿澗溝壑276<146>
看 窺看窗牖123<53>
艱 資生甚艱難290<175>
間 未久之間123<102>

갈
渴 渴仰於佛445<102>
竭 骨肉枯竭140<133>
蠍 蚖蛇蝮蠍121<183>

감
坎 坑坎堆阜200<26>
堪 皆悉堪任受持是法華經640<102>
感 常懷悲感449<117>
敢 不敢輕慢524<102>
減 諸惡道減少235<102>

감
甘 澍甘露法雨617<11>
紺 其眼長廣以紺靑色646<84>
龕 龕室千萬325<190>

갑
甲 我名某甲162<11>

강
剛 墮落金剛山615<68>
强 强使我作155<84>
江 大海江河水495<18>
蛩 蛩螟諸蟲而集其上121<143>
糠 衆中之糟糠63<168>
講 講說正法13<168>

개
疥 身體疥癩140<54>
皆 皆是吾子131<54>
芥 芥子362<37>
蓋 垂諸旛蓋565<54>
鎧 我等敬信佛當着忍辱鎧376<175>
開 開示佛道196<102>

객
客 商估賈客152<54>

갱
坑 坑坎堆阜200<26>
更 更無餘事175<27>

거
佉 佉羅騫馱阿脩羅王6<36>
去 去來坐立192<11>
居 居士511<37>
巨 其家巨富166<11>
擧 擧世所不信434<159>
渠 渠流及浴池266<117>
炬 如炬除暗573<54>
磲 硨磲與瑪瑙71<174>
踞 踞師子牀153<168>
車 其車高廣107<27>

건
乾 乾地普洽189<84>
健 大智德勇健化度無量衆360<85>
建 建立諸形像71<54>

犍	大目犍連203<132>	계	
褰	脣不厚褰缺491<157>	戒	精進持淨戒34<27>
鶱	佉羅騫馱阿脩羅王6<183>	桂	沈水及桂香504<68>
걸		械	杻械枷鎖603<85>
乞	入里乞食將一比丘386<2>	界	三千大千世界567<54>
검		稽	是故咸稽首224<159>
檢	檢繫其身603<168>	繫	以無價寶珠繫其衣裏286<168>
겁		繼	相繼得成佛37<183>
劫	劫名喜見592<27>	計	其數無量不可稱計359<54>
怯	志固無怯弱434<37>	谿	無有山陵谿澗溝壑276<168>
게		雞	若畜猪羊雞狗660<171>
偈	偈答無盡意614<85>	髻	王解髻中明珠賜之405<166>
격		고	
擊	擊大法鼓579<168>	估	商估賈客152<36>
견		古	乃往古昔521<11>
堅	信解堅固255<85>	告	佛告諸比丘226<27>
牽	强牽將還156<85>	固	志固無怯弱434<37>
甄	甄迦羅562<133>	孤	自惟孤露449<37>
肩	偏袒右肩149<37>	庫	倉庫盈溢153<69>
見	遙見其子169<27>	故	故號求名31<54>
遣	密遣二人形色憔悴157<134>	枯	枯槁衆生191<55>
蠲	令我等思惟蠲除諸法戲論之糞163<192>	槁	枯槁衆生191<134>
결		皐	皐帝632<85>
決	願決衆疑21<27>	苦	受大苦惱530<55>
潔	鮮白淨潔130<159>	賈	如賈客得海573<118>
結	結跏趺坐220<102>	雇	雇汝除糞157<103>
缺	威儀無缺17<68>	高	無有高下200<69>
겸		鼓	擊大法鼓22<118>
兼	況復持此經兼布施持戒479<68>	곡	
謙	謙下諸比丘479<168>	哭	啼哭聲496<69>
경		曲	曲躬恭敬149<18>
傾	其心不傾動467<117>	穀	百穀苗稼189<134>
慶	我等甚欣慶243<146>	谷	山川谿谷182<27>
敬	恭敬禮拜觀世音菩薩606<117>	곤	
竟	究竟涅槃101<85>	困	貧窮困苦112<27>
競	夜叉競來122<183>	골	
經	求大乘經145<102>	骨	骨肉枯竭140<69>
莖	根莖枝葉190<68>	공	
警	諸佛警欬聲544<183>	供	供養無量百千諸佛3<37>
輕	不敢輕慢524<118>	共	共議此事227<18>
鏡	又如淨明鏡515<179>	功	功德不可量479<12>
頃	於利那頃361<85>	孔	一切毛孔538<5>
頸	解頸眞珠瓔珞641<146>	恐	勿得恐怖604<55>
驚	不驚不畏105<191>	恭	恭敬諸佛146<69>
		空	上昇虛空562<38>

箜 琴瑟箜篌聲498<143>
蚣 蜈蚣蚰蜒125<69>
과
寡 小女處女寡女382<134>
果 華果茂盛19<38>
過 過去無數劫69<118>
곽
郭 化作大城郭266<85>
관
冠 卽着七寶冠657<55>
官 是時親友官事當行286<38>
灌 灌諸香油560<187>
觀 觀世音菩薩601<193>
關 如却關鑰開大城門339<179>
광
光 光明照十方563<18>
廣 廣大深遠42<146>
曠 曠野險隘處506<179>
狂 汝狂人耳662<28>
纊 柔輭繒纊130<186>
誑 如來不欺誑67<144>
괘
咼 亦不咼斜488<67>
㝵 是人樂說法分別無㝵碍323<100>
괴
壞 皆悉斷壞603<179>
怪 怪未曾有429<38>
愧 有慙愧淸淨82<118>
瑰 玫瑰瑠璃珠71<144>
魁 屠兒魁膾385<134>
교
交 人天交接276<18>
巧 巧說諸法42<12>
憍 憍慢懈怠138<157>
教 教無量菩薩546<86>
校 莊校嚴飾129<69>
膠 膠香559<86>
구
丘 比丘 654<12>
久 久修梵行431<2>
九 九名皇帝 628<1>
傴 盲聾背傴141<132>
俱 俱來聽法511<69>
具 具無量功德229<38>
口 佛口所生子50<2>

句 一句一偈653<12>
咎 是我等咎86<38>
垢 垢穢不淨143<55>
懼 勿得懷疑懼425<187>
拘 拘鞞陀羅樹香502<38>
救 皆能救濟595<86>
歐 歐究隷 623<146>
求 求大乘經145<28>
溝 無有山陵谿澗溝壑276<118>
狗 猪羊雞狗381<38>
瞿 僧伽涅瞿沙禰 623<175>
究 究竟涅槃101<28>
舊 舊住娑婆世界538<168>
衢 皆於四衢道中露地而坐107<192>
軀 不惜軀命352<175>
驅 或見逼迫强驅使作169<187>
鳩 烏鵲鳩鴿120<118>
龜 又如一眼之龜値浮木孔639<159>
국
國 國內人民511<86>
掬 各齊寶華滿掬而告之言338<100>
군
君 諸君當知161<28>
群 群臣眷屬511<118>
軍 破諸魔軍578<55>
굴
崛 耆闍崛山中1<100>
屈 周障屈曲120<38>
窟 經行禪窟473<119>
䭫 其形䭫瘦139<117>
궁
宮 天上諸宮殿507<69>
窮 貧窮困苦112<146>
躬 曲躬恭敬149<70>
권
倦 常無懈倦111<70>
券 注記券疏169<39>
勸 勸請世尊225<183>
卷 供養經卷395<39>
權 故以方便力權化作此城267<190>
眷 眷屬百千萬77<86>
궤
几 寶几承足153<2>
匱 猶尙不匱109<144>
憒 捨大衆憒뇨428<157>

跪	皆大歡喜拜跪問訊447<144>	棄	棄國捨世榮97<119>
귀		欺	如來不欺誑67<104>
歸	終歸於空187<175>	氣	氣力安樂338<70>
貴	貴賤上下192<103>	祇	譬喩幷祇夜64<56>
鬼	餓鬼556<70>	紀	年紀大小441<56>
규		耆	耆闍崛山中1<70>
叫	叫呼求食123<11>	記	受記作佛85<70>
窺	窺看窓牖123<130>	豈	豈異人乎529<70>
극		起	不起于座585<70>
剋	每自剋責86<55>	飢	諸飢渴衆生238<86>
劇	設服良藥而復增劇142<146>	길	
棘	瓦礫荊棘200<103>	緊	緊那羅232<134>
極	財物無極108<103>	吉	和修吉龍王5<18>
극	各以衣극盛諸天華232<133>	나	
근		奈	卽趣波羅奈79<39>
勤	勤求佛道17<119>	那	那提迦葉283<28>
慇	汝已慇懃三請54<169>	난	
根	根莖枝葉190<70>	暖	薦席厚暖171<119>
筋	有大筋力108<103>	難	難解難知188<179>
覲	覲無上尊191<176>	남	
近	近於佛智慧321<39>	南	南方二佛252<56>
금		男	善男子601<18>
今	今當略說14<5>	납	
琴	琴瑟箜篌聲498<103>	納	願垂納處229<71>
禁	或囚禁枷鎖615<119>	내	
禽	禽獸鳴相呼499<103>	乃	乃能知是事44<2>
金	金銀諸珍寶506<39>	內	上下內外501<5>
급		녀	
及	正法及像法285<5>	女	婦女身610<3>
急	於怖畏急難之中611<55>	녈	
汲	採果汲水352<28>	涅	究竟涅槃101<77>
給	供給所須352<103>	념	
긍		念	父每念子152<39>
矜	我慢自矜高68<55>	녕	
肯	不肯受之612<39>	寧	我寧不說法78<119>
기		녜	
伎	作天伎樂557<18>	禰	摩禰 622<182>
其	其家巨富166<39>	노	
冀	冀得須臾聞312<159>	奴	奴婢財物404<12>
器	女身垢穢非是法器363<159>	瑙	硨磲瑪瑙14<147>
基	基陛隤毀120<86>	농	
奇	世尊甚奇特272<39>	膿	惡瘡膿血663<169>
己	單己無眷屬421<2>	뇌	
幾	所化衆生其數幾何359<103>	惱	無復煩惱1<86>
旣	旣得阿羅漢道288<86>	腦	頭目髓腦351<104>

뇨
尿 屎尿臭處121<28>
鐃 琵琶鐃銅鈸73<186>
뇨 捨大衆憒뇨428<159>

누
누 阿누樓馱2<101>
耨 成阿耨多羅三邈三菩提222<166>

능
能 能救世間苦616<71>

니
尼 比丘尼98<12>
泥 轉見濕土遂漸至泥317<40>
柅 伊緻柅 625<67>
膩 更着黽弊垢膩之衣158<167>

다
多 多所忘失30<19>

단
丹 安置丹枕108<6>
亶 阿亶哆波隷輸地623<119>
但 但敎化菩薩57<28>
單 單己無眷屬421<104>
斷 斷諸疑悔87<183>
旦 一旦終沒153<12>
檀 栴檀之香216<169>
段 尋段段壞603<56>
短 不說他人好惡長短389<104>
端 汝身第一端正584<134>
袒 偏袒右肩149<71>

달
達 通達大智3<119>
闥 乾闥婆232<186>

담
憺 其心常憺怕224<159>
擔 擔負乾草入中不燒347<160>
曇 優曇鉢華238<160>
噉 食噉人肉122<157>
薝 薝蔔油燈574<174>
黮 黶黮疥癩140<190>

답
答 偈答無盡意614<71>
踏 咀嚼踐踏121<134>

당
唐 福不唐捐606<71>
堂 堂舍高危120<87>
幢 妙幢相三昧582<147>

當 當得作佛201<119>
黨 愛無偏黨109<184>

대
大 大根大莖183<3>
待 且待須臾359<56>
戴 天人所戴仰363<169>
臺 七寶爲臺557<134>

덕
德 功德無量485<147>

도
倒 牆壁崩倒124<71>
刀 刀尋段段壞615<1>
到 到其母所638<40>
忉 當生忉利天上657<17>
擣 擣篩和合與子令服447<174>
塗 香油塗身559<120>
導 引導衆生42<160>
屠 屠兒 660<104>
度 度生老病死24<56>
渡 如渡得船572<104>
盜 抄劫竊盜142<104>
稻 如稻麻竹葦46<120>
茶 鳩槃茶鬼122<87>
萄 甘蔗蒲萄189<104>
覩 昔所未曾覩無量智慧者238<160>
蹈 號蹈七寶華如來299<147>
逃 捨吾逃走161<71>
道 勤求佛道17<120>
都 其人醉臥都不覺知286<105>
兜 卽往兜率天上彌勒菩薩所658<105>

독
毒 毒病皆愈449<40>
獨 獨處山林193<160>
讀 讀誦此經368<190>

돈
頓 求之旣疲頓止一城166<120>

돌
咄 咄男子158<53>

동
僮 多有僮僕152<144>
動 身心不動28<87>
同 同入無漏法88<19>
東 東西南北474<40>
棟 梁棟傾危103<105>
童 童男童女身610<105>

銅	銅器之所盛506<135>	略	我爲汝略說614<87>
두		량	
斗	斗秤欺証人 631<6>	梁	梁棟傾斜120<87>
逗	若於此經忘失句逗320<87>	良	是好良藥今留在此449<29>
頭	手摩其頭657<160>	量	無量苦逼身616<105>
둔		兩	兩足之尊191<46>
鈍	鈍根樂小法64<105>	凉	地上淸凉189<76>
득		려	
得	得大神通431<87>	慮	無復憂慮153<147>
등		戾	手脚繚戾663<40>
燈	蘇燈油燈 632<160>	驢	駝驢豬狗143<192>
等	我等從佛164<105>	梠	椽梠差脫120<100>
蹬	摩蹬者常求利627<182>	瓈	玻瓈爲地205<182>
라		력	
懶	除懶惰意及懈怠想391<179>	力	隨力所受193<1>
癩	身體疥癩140<187>	歷	經歷國邑152<160>
羅	羅列寶物154<179>	礫	瓦礫荊棘200<184>
螺	吹法螺 661<160>	련	
裸	如裸者得衣572<120>	憐	憐愍饒益諸天人民225<147>
蓏	採薪及果蓏354<144>	戀	戀慕於佛565<191>
邏	阿便哆邏禰履剃623<191>	연	矬陋연躄141<194>
락		練	譬如良醫智慧聰達明練方藥446<147>
珞	瓔珞541<71>	蓮	白蓮華香501<147>
絡	金繩交絡130<105>	連	大目犍連2<87>
落	墮落金剛山615<120>	렬	
란		列	羅列寶物154<19>
亂	一心除亂18<120>	劣	長者知子愚癡狹劣170<40>
卵	卵生胎生濕生化生483<28>	裂	四方地震裂422<105>
欄	欄楯華蓋15<188>	렵	
蘭	薩婆僧伽地三摩地伽蘭地656<188>	獵	獵師660<184>
람		령	
攬	如可承攬189<193>	令	令汝入佛道265<12>
藍	一名藍婆 628<176>	령	령娉辛苦五十餘年161<84>
랍		鈴	鈴聲496<120>
鑞	白鑞及鉛錫72<194>	領	各領四天下25<147>
랑		례	
浪	波浪不能沒615<71>	禮	作禮而去664<176>
狼	狐狼野干121<72>	로	
蜋	蜣蜋諸蟲而集其上121<132>	勞	無有疲勞417<104>
래		爐	寶瓶香爐557<184>
來	去來坐立192<40>	盧	阿盧伽婆娑簸蔗毗叉膩623<161>
睞	眼目角睞663<132>	老	生老病死苦617<19>
랭		路	經過險路604<120>
冷	以冷水灑面令得醒寤156<29>	露	澍甘露法雨 617<188>
략		록	

록
鹿 鹿車107<88>
론
論 皆共論說六波羅蜜359<148>
롱
聾 聾盲瘖瘂143<190>
뢰
牢 世皆不牢固490<29>
雷 雷聲遠震189<121>
료
了 了達空法255<1>
療 無人救療142<169>
繚 手脚繚戾663<178>
룡
龍 有八龍王5<161>
루
樓 迦樓羅613<148>
漏 諸漏已盡1<135>
累 積功累德362<88>
陋 不生貧窮卑賤醜陋406<56>
류
流 廣宣流布577<72>
瑠 瑠璃爲地332<135>
留 是好良藥今留在此449<72>
謬 憶念不謬504<176>
類 種類若干182<180>
륙
六 六根淸淨532<6>
陸 薰陸559<94>
륜
倫 最勝無倫匹98<72>
輪 轉不退輪194<148>
률
律 畋獵漁捕諸惡律儀381<62>
慄 皆悉悚慄203<128>
륵
勒 彌勒菩薩10<88>
릉
陵 無有山陵谿澗溝壑276<88>
리
利 利益無量一切衆生579<29>
吏 吏民僮僕154<19>
履 入地如水履水如地637<148>
梨 毗梨耶波羅蜜465<88>
犛 如犛牛愛尾76<157>
璃 瑠璃爲地332<135>

羅 橫罹其殃142<161>
羸 羸瘦憔悴158<184>
裏 以無價寶珠繫着內衣裏289<121>
里 往至貧里以求衣食157<29>
離 離諸苦難128<180>
詈 輕毀罵詈532<116>
貍 貍狸鼷鼠121<144>
魅 魑魅魍魎121<187>
鱉 鱉雞疥癩140<186>
린
悋 勿生慳悋550<67>
悋 心無悋惜351<83>
鄰 摩訶目眞鄰陀山335<158>
림
林 獨處山林193<40>
臨 臨命終時532<169>
립
立 去來坐立192<12>
마
摩 手摩其頭657<169>
瑪 硨磲瑪瑙14<135>
磨 磨以爲墨218<148>
馬 象馬牛羊167<72>
魔 破諸魔軍578<188>
麻 如稻麻竹葦46<88>
막
寞 寂寞無人聲323<135>
莫 莫輕彼國584<88>
藐 三藐三佛陀592<176>
만
慢 不敢輕慢524<121>
曼 曼殊沙華12<72>
幔 珠交露幔20<144>
滿 滿三千大千世界568<135>
萬 八萬四千人640<121>
蔓 災火蔓延126<135>
말
抹 抹香209<41>
末 惡世末法時477<13>
沫 如水沫泡燄490<41>
망
妄 言無虛妄63<19>
忘 多所忘失30<29>
望 無所希望381<88>
網 疑網皆已除81<135>

蟒	更受蟒身141<174>	몰	
魍	魑魅魍魎121<178>	沒	衆生沒在苦78<29>
매		몽	
昧	從三昧起28<56>	夢	若於夢中但見妙事407<121>
每	父每念子152<56>	蒙	不蒙佛所化243<136>
玫	玫瑰209<53>	묘	
罵	輕毀罵詈532<148>	妙	其語巧妙23<29>
賣	衒賣女色660<148>	廟	各起塔廟209<149>
邁	年已朽邁150<169>	苗	百穀苗稼189<57>
魅	魑魅可畏128<148>	眇	眇目矬陋170<67>
맥		무	
陌	城邑巷陌482<41>	務	不務速說188<89>
맹		無	無復煩惱1<106>
猛	勇猛精進16<106>	舞	種種舞戲473<121>
盲	聾盲瘖瘂143<41>	茂	華果茂盛19<57>
萌	一切諸群萌515<106>	貿	汝今可以此寶貿易所須287<106>
멱		묵	
覓	懷憂推覓162<88>	墨	磨以爲墨218<149>
면		默	默然許之230<161>
免	得免火難109<29>	문	
勉	勉濟諸子火宅之難114<57>	問	今當問誰11<89>
湎	耽湎嬉戲127<116>	文	文殊師利389<6>
眠	未嘗睡眠17<72>	聞	聞其所說527<136>
面	面貌圓滿489<57>	門	今在門外106<41>
麵	米麵159<184>	물	
멸		勿	勿生疑惑534<6>
滅	卽滅化城258<121>	物	財物無極108<41>
懱	不輕懱於人396<178>	미	
명		味	一味之法195<41>
冥	從冥入於冥224<72>	咩	睒咩 622<67>
名	名救一切227<19>	尾	如氂牛愛尾76<30>
命	不惜身命145<41>	彌	彌勒菩薩658<169>
明	光明照十方563<41>	微	甚深微妙48<121>
瞑	十方常闇瞑242<136>	未	未久之間123<13>
鳴	天鼓自然鳴32<136>	眉	佛放眉間光33<57>
모		米	盆器米麵鹽醋之屬159<19>
慕	戀慕於佛565<148>	美	讚美受持者545<57>
某	某甲當作佛285<57>	迷	迷惑不受敎68<72>
母	母告子言635<13>	靡	靡不周徧9<170>
毛	不能損一毛615<6>	민	
牟	釋迦牟尼佛658<19>	悶	悶絕躄地156<106>
貌	面貌圓滿489<121>	愍	哀愍衆生308<122>
목		民	如民得王573<13>
木	草木叢林190<6>	泯	伊提泯629<42>
目	目不暫捨203<13>	밀	

밀
밀 密雲彌布182<89>
蜜 禪波羅蜜465<122>
橃 木橃幷餘材71<158>

박
搏 由是群狗競來搏撮121<122>
撲 兇險相撲386<149>
珀 珊瑚琥珀483<42>
縛 能解一切生死之縛573<161>
薄 薄德小福人68<170>
迫 衆苦所逼迫68<57>
雹 降雹澍大雨616<122>

반
半 半恒河沙413<13>
反 無垢世界六反震動366<6>
槃 究竟涅槃101<136>
般 般若波羅蜜634<73>
返 周旋往返十方世界373<42>

발
拔 於三界火宅拔諸衆生114<42>
发 臭煙燄发125<101>
發 發大乘意26<106>
跋 跋難陀龍王5<106>
鉢 優曇鉢華238<122>
鈸 琵琶鐃銅鈸73<116>
髮 剃除鬚髮16<149>

방
傍 其傍各有七寶行樹93<106>
坊 造立僧坊472<30>
房 淨諸房舍170<42>
放 放大光明11<42>
方 四方求法352<6>
舫 吹其船舫602<73>
謗 毀謗此經138<170>

배
倍 倍與汝價170<73>
拜 禮拜供養607<57>
排 互相推排107<58>
背 不相違背516<58>
輩 此輩甚可愍266<122>

백
白 有大白牛130<13>
百 百種湯藥18<20>

번
煩 無復煩惱1<122>
幡 幡蓋541<179>

벌
罰 時轉輪王起種種兵而往討罰399<136>

범
凡 凡夫淺識138<3>
梵 梵天王5<106>
犯 我不相犯155<13>

법
法 不聞法530<42>

벽
壁 牆壁隤落103<161>
躄 悶絶躄地156<187>
辟 辟支佛571<132>

변
匾 鼻不匾㔸488<100>
徧 靡不周徧9<117>
變 火坑變成池614<187>
辨 未辨其男女506<161>
辯 樂說辯才3<188>
邊 無量無邊206<180>

별
別 分別說三乘268<30>

병
兵 破魔兵衆17<30>
屛 莫獨屛處爲女說法386<89>
幷 幷供養多寶如來寶塔332<42>
絣 令絣辛苦五十餘年161<144>
瓶 寶瓶香爐557<89>
病 毒病皆愈449<73>

보
保 我今爲汝保任此事115<58>
報 獲大罪報521<107>
寶 七寶爲臺557<184>
普 大光普照12<107>
步 行步平正108<30>
菩 菩薩摩訶薩3<107>

복
伏 皆信伏隨從527<20>
僕 多有僮僕152<136>
服 衣服606<42>
福 其福不可限492<136>
腹 蜿轉腹行141<122>
蔔 舊蔔油燈574<149>
蝮 毒蛇蚖蝮126<158>
覆 普覆一切190<180>

본

본 植衆德本3<13>
봉
奉 奉持佛法215<43>
峰 或在須彌峰615<73>
烽 臭煙烽勃125<149>
髼 頭髮髼亂123<174>
부
付 悉付於汝564<14>
夫 調御丈夫213<7>
婦 婦女身610<89>
孚 孚乳産生122<43>
富 財富無量108<107>
復 復告大衆212<123>
敷 敷演斯事49<149>
浮 閻浮檀金爲莖585<89>
父 父每念子152<7>
腐 柱根腐敗103<136>
膚 膚色充潔108<149>
負 身常負重140<58>
跌 結跏趺坐220<89>
部 四部衆98<89>
阜 坑坎堆阜200<43>
附 雖親附人人不在意142<43>
북
北 東西南北474<14>
분
分 分作二分613<7>
奔 卽時奔競128<43>
坌 糞土塵坌158<36>
奮 諸佛師子奮迅之力425<161>
焚 焚燒舍宅103<107>
盆 盆器米麪159<58>
糞 除諸糞穢170<170>
紛 繽紛而亂墜如鳥飛空下463<73>
불
不 不鼓自鳴588<7>
佛 佛常敎化101<30>
弗 舍利弗2<14>
拂 手執白拂154<43>
붕
崩 牆壁崩倒124<90>
비
備 備受諸苦毒68<107>
卑 佛身卑小584<58>
婢 奴婢僕從351<107>

圮 牆壁圮坼120<26>
悲 常懷悲感449<107>
比 比丘98<7>
毗 毗梨耶波羅蜜465<58>
琵 琵琶鐃銅鈸73<107>
祕 祕藏之法174<73>
肥 肥壯多力130<43>
臂 見其無臂566<161>
誹 罵詈誹謗521<149>
譬 譬喩言辭56<180>
鄙 樂爲鄙事170<137>
非 非是實滅度89<43>
飛 飛行自在276<58>
鼻 鼻高脩且直491<137>
鞞 阿鞞跋致372<174>
빈
儐 多諸儐從130<167>
貧 貧窮困苦112<90>
賓 劫賓那283<137>
擯 數數見擯出遠離於塔寺377<174>
頻 迦陵頻伽聲498<162>
繽 繽紛而亂墜如鳥飛空下463<187>
矉 惡口而矉蹙377<193>
빙
騁 馳騁四方151<176>
사
事 恒求善事111<43>
伺 伺求其短625<30>
似 我等皆似佛子162<30>
使 使我至此170<30>
四 四方求法352<14>
士 無上士213<3>
娑 娑婆世界三千衆生366<73>
寫 解說書寫306<150>
寺 數數見擯出遠離於塔寺377<20>
師 皆師妙光30<73>
思 思惟佛道16<58>
捨 悉捨王位25<90>
斜 梁棟傾斜120<90>
斯 斯人福無量477<108>
死 度生老病死24<20>
沙 沙門29<31>
私 時有阿私仙來白於大王353<31>
篩 擣篩和合與子令服447<162>
肆 肆力有地154<123>

舍	舍利弗2<87>	생	生老病死苦617<14>
舍	以佛舍利起七寶塔10<59>	서	
莎	莎伽陀283<90>	序	序品1<31>
蛇	毒蛇蚖蝮126<90>	徐	徐語窮子157<59>
賜	賞賜諸物404<150>	書	解說書寫306<74>
賖	賖履 623<145>	瑞	曾見此瑞22<123>
辭	種種言辭146<180>	西	西方二佛252<20>
闍	摩訶波闍波提比丘尼2<174>	誓	弘誓深如海614<137>
邪	正見邪見193<31>	逝	善逝213<91>
駟	駟馬寶車15<150>	鼠	鼬狸鼷鼠121<123>
산		석	
山	山川險谷189<3>	席	薦席厚暖171<74>
散	散諸寶華200<108>	惜	不惜身命145<91>
珊	金銀珊瑚14<59>	昔	昔所未曾有261<44>
産	出內財産169<90>	石	土石諸山584<14>
算	算數94<137>	釋	釋迦牟尼佛658<184>
살		鈺	鍮鈺赤白銅72<100>
殺	如殺父母罪630<90>	錫	白鑞及鉛錫72<162>
薩	菩薩571<170>	선	
삼		仙	王聞仙言352<14>
三	三十二相354<3>	先	先現此瑞586<20>
삽		善	善惡業緣13<108>
澁	不澁488<150>	宣	廣宣流布577<59>
상		尠	斯人尠福德63<132>
上	上昇虛空589<3>	旋	周旋往返十方世界373<91>
傷	甚自感傷85<123>	癬	體生瘡癬168<190>
像	像法523<137>	禪	深入禪定255<170>
商	商估賈客152<90>	膳	美膳178<162>
喪	是時諸子聞父背喪449<108>	船	如渡得船572<91>
嘗	未嘗睡眠17<137>	饍	肴饍飲食18<188>
尙	尙無二乘60<44>	鮮	顏色鮮白406<170>
常	常勤精進643<91>	설	
想	有想無想483<123>	舌	眼耳鼻舌身意淸淨521<20>
桑	桑履 623<74>	設	設入大火602<91>
牀	臺中有大寶牀642<44>	說	說大乘經541<137>
狀	變狀如是121<44>	齧	嚙齧死屍121<188>
相	相續不絕126<59>	섭	
詳	從三昧安詳而起41<123>	攝	攝念山林18<188>
象	象馬牛羊167<108>	성	
賞	賞賜諸物404<108>	城	化作大城郭266<74>
색		姓	又同一姓24<44>
塞	四面充塞125<123>	性	觀諸法性19<44>
索	窮子求索衣食168<74>	成	成就大志161<31>
色	身皆金色412<20>	星	衆星之中569<59>
생		盛	華果茂盛19<108>

- 205 -

聖 大聖世尊191<123>
聲 一心同聲229<170>
誠 誠如所言181<137>
醒 心遂醒悟449<162>
세
世 世間所希有353<14>
勢 有大勢力524<124>
歲 年始八歲361<124>
細 細抹堅黑栴檀559<91>
소
小 小枝小葉183<3>
少 不少618<7>
所 昔所未有227<44>
消 病卽消滅578<74>
燒 燒大寶香332<162>
疏 注記劵疏169<108>
疎 牙齒疎缺663<108>
瘠 多病瘠瘦142<116>
笑 笑聲496<74>
簫 簫笛琴箜篌73<180>
蘇 蘇燈油燈 632<184>
속
俗 常念世俗事375<59>
屬 群臣眷屬511<188>
續 相續不絶126<189>
速 汝速出三界115<91>
손
孫 孫陀羅難陀2<74>
損 不能損一毛615<124>
솔
率 流澍無量率土充洽189<91>
송
悚 皆悉悚慄203<74>
訟 諍訟經官處 617<92>
誦 讀誦此經368<138>
送 諸母涕泣而隨送之222<75>
頌 歌唄頌佛德73<124>
쇄
灑 香水灑地154<190>
鎖 杻械枷鎖603<176>
쇠
衰 離諸衰患 631<92>
수
修 修菩薩行371<75>
受 受大苦惱530<44>

囚 或囚禁枷鎖615<14>
垂 垂寶瓔珞325<44>
壽 壽命不可量462<138>
守 守護是經658<20>
愁 亦無憂愁及罵詈者392<124>
手 手摩其頭657<7>
授 卽授其記29<92>
收 收取舍利565<21>
數 其數無量109<150>
樹 大小諸樹189<162>
殊 形體殊好108<75>
水 諸水之中海爲第一569<7>
獸 惡獸毒蟲124<180>
瘦 羸瘦憔悴158<138>
睡 未嘗睡眠17<124>
脩 鼻脩高直489<92>
藪 山川林藪332<180>
誰 誰能爲我說大乘者352<150>
輸 耶輸陀羅比丘尼2<162>
遂 遂到其父152<124>
邃 幽邃所生189<176>
銖 此香六銖559<138>
隨 隨力所受193<162>
雖 雖近而不見451<170>
須 須臾聞歡喜492<109>
首 首如牛頭123<59>
髓 頭目髓腦351<192>
鬚 金剛爲鬚585<190>
숙
叔 甄叔迦寶以爲其臺586<45>
夙 夙夜惟念167<21>
宿 宿世因緣216<92>
熟 又知成熟未成熟者180<150>
순
旬 高千由旬209<21>
楯 欄楯華蓋15<124>
淳 淳厚所致567<92>
純 純一無雜23<75>
脣 脣色赤好如頻婆果646<92>
順 皆順正法517<109>
슬
瑟 琴瑟箜篌聲498<124>
膝 右膝着地149<109>
습
濕 轉見濕土遂漸至泥317<171>

- 206 -

습
拾 拾薪設食352<59>
習 樂習苦行558<92>

승
乘 乘此寶乘134<75>
僧 不見僧530<138>
勝 是人福勝彼491<109>
承 寶華承足94<45>
昇 上昇虛空589<45>
繩 黃金爲繩332<176>
陞 各陞法座249<75>

시
侍 諸人侍衛168<45>
始 終始不忘錯518<45>
尸 尸棄大梵5<4>
屎 屎尿臭處121<45>
屍 嚌齧死屍121<60>
恃 無復恃怙449<60>
施 歡喜布施15<60>
是 是事難信431<60>
時 時說是經534<75>
示 開示佛道196<15>
視 慈眼視衆生618<109>

식
式 如三世諸佛說法之儀式81<21>
息 無有休息141<75>
植 植諸善本144<109>
識 無能識其價507<185>
食 飮食充足171<60>
飾 嚴飾國界20<138>

신
信 信解堅固255<60>
愼 愼勿懷驚懼265<125>
新 更雨新者221<125>
神 神智無量531<75>
臣 國王大臣172<21>
薪 薪盡火滅74<171>
訊 問訊世尊590<76>
身 身不動搖585<31>
辛 경쎼辛苦五十餘年161<31>
迅 諸佛師子奮迅之力425<31>

실
失 財物散失153<15>
室 入如來室319<60>
實 無不眞實517<138>
悉 悉見三千界495<92>

심
審 審知是子156<150>
尋 尋復忘失142<109>
心 心無所畏528<7>
深 深入禪定255<93>
甚 世尊甚難値262<60>

십
十 五十餘年152<1>

씨
氏 出釋氏宮438<8>

아
兒 沙彌小兒383<45>
我 我今語汝212<31>
牙 牙齒疎缺663<8>
瘂 聾盲瘖瘂143<132>
阿 佛告阿難294<45>
雅 志意和雅362<109>
餓 餓鬼556<163>

악
惡 惡鬼毒蟲126<109>
愕 窮子驚愕155<110>
樂 伎樂供養592<150>

안
安 安住無漏法224<21>
岸 到於彼岸3<45>
案 若以几案從舍出之104<76>
眼 慈眼視衆生618<93>
顔 顔色鮮白406<177>

알
頞 頞底627<158>

암
暗 如炬除暗573<125>
菴 止宿草菴171<93>
闇 慧日破諸闇617<171>

압
壓 亦如壓油殃630<163>

앙
仰 瞻仰世尊223<21>
央 此佛滅度無央數劫342<15>
殃 橫罹其殃142<60>

애
哀 哀愍諸衆生243<61>
唲 唲㖇嚘吚121<100>
愛 愛別離苦112<125>
隘 曠野險隘處506<125>

- 207 -

礙 無復障礙107<182>
靉 靉靆垂布189<193>
騃 聾騃無足141<175>
액
厄 衆生被困厄616<8>
額 額廣平正489<177>
야
也 終不虛也115<4>
冶 惡叉冶多冶624<32>
夜 日夜思惟174<46>
耶 出家近伽耶433<61>
野 安處林野131<93>
약
弱 志固無怯弱434<76>
若 若坐若立486<61>
藥 卉木藥草189<181>
躍 歡喜踊躍107<189>
鑰 如却關鑰開大城門339<194>
양
揚 揚聲大叫124<110>
羊 羊車107<21>
讓 慈悲仁讓362<193>
養 供養恭敬199<151>
어
御 調御丈夫213<110>
於 轉於法輪225<46>
漁 畋獵漁捕諸惡律儀381<138>
語 其語巧妙23<138>
魚 龍魚諸鬼難614<93>
억
億 價直千億130<151>
憶 是以慇懃每憶其子153<163>
臆 不現胸臆383<171>
언
言 言不虛妄56<32>
엄
嚴 嚴飾國界20<185>
掩 日光掩蔽189<76>
업
業 善惡業緣13<125>
에
恚 不生瞋恚525<83>
여
如 如是我聞1<21>
汝 汝當作佛526<22>
與 與群臣眷屬俱641<76>
輿 輦輿車乘167<139>
餘 無有餘乘58<163>
역
亦 亦復如是174<22>
逆 隨順不逆320<76>
연
宴 寂然宴默17<76>
延 摩訶迦旃延149<46>
捐 福不唐捐606<76>
椽 棟梁椽柱124<125>
演 演說大乘法263<139>
然 然百福莊嚴臂566<110>
煙 氣毒煙火然616<125>
莚 災火蔓莚126<101>
蜒 蜈蚣蚰蜒121<132>
筵 重敷婉筵108<139>
緣 因緣果報592<151>
輦 輦輿車乘167<151>
輭 言辭柔輭42<167>
鉛 白鑞及鉛錫72<125>
열
悅 悅可衆心12<77>
熱 飢渴熱惱125<151>
염
厭 厭老病死13<139>
燄 大火猛燄128<167>
染 不染世間法433<61>
閻 閻浮檀金爲莖585<163>
鹽 鹽醋之屬159<191>
엽
葉 根莖枝葉190<126>
영
榮 棄國捨世榮97<139>
永 生死苦永盡80<15>
營 村營城邑332<171>
瓔 瓔珞541<189>
盈 倉庫盈溢153<77>
纓 金華諸纓130<192>
詠 歌詠諸如來464<110>
迎 當起遠迎663<61>
靈 靈鷲山359<193>
예
穢 穢惡充滿584<181>
裔 叉裔 623<126>

詣　往詣佛所15<126>
豫　令衆悅豫189<163>
銳　心各勇銳107<151>
隷　座隷　625<151>
預　我等不預斯事85<139>

오
五　其數五百217<8>
吾　皆是吾子109<32>
嗚　嗚呼深自責88<126>
奧　是法甚深奧100<126>
娛　娛樂快樂657<77>
寤　以冷水灑面令得醒寤156<126>
悟　開悟衆生13<77>
懊　悲感懊惱564<163>
汙　汙穢不淨158<32>
烏　烏鵲鳩鴿120<77>
蜈　蜈蚣蚰蜒121<126>
誤　誤服毒藥447<139>

옥
獄　從地獄出139<139>

온
穩　安穩衆生136<118>

옹
擁　擁護法師626<163>
癰　疥癩癰疽143<193>

와
瓦　瓦礫荊棘200<15>
臥　經行若坐臥480<46>

완
婉　重敷婉筵108<93>
宛　藥發悶亂宛轉于地446<46>
玩　我有種種珍玩之具127<46>
蚖　毒蛇蚖蝮126<83>

왈
曰　號曰求名30<8>

왕
往　往詣佛所15<46>
王　王大歡悅641<8>

외
外　今在門外106<15>
巍　巍巍如是605<189>
畏　心無所畏528<61>

요
嶢　人所觸嶢140<158>
搖　身不動搖585<126>

擾　或値怨賊擾615<177>
曜　光明照曜227<177>
繞　恭敬圍繞232<163>
要　取要言之42<61>
遙　遙見其父153<139>
饒　多所饒益59<189>

욕
慾　多於婬慾605<151>
欲　深着愛欲135<93>
浴　流泉浴池19<77>
褥　牀褥湯藥473<164>
辱　常行忍辱403<77>

용
傭　傭賃展轉168<126>
勇　勇猛精進16<61>
容　容顏甚奇妙563<79>
涌　同時涌出412<77>
用　宜加用心160<15>
踊　歡喜踊躍107<140>

우
于　不起于座585<4>
優　優樓頻螺迦葉283<171>
又　又同一姓24<1>
友　往至親友家289<8>
右　右膝着地149<15>
愚　愚小無知而入險宅128<110>
憂　憂惱悲哀566<151>
牛　牛車107<8>
遇　千萬劫難遇491<110>
郵　郵樓哆　623<93>
雨　雨大法雨22<46>

욱
郁　郁枳　625<61>

운
云　於汝意云何567<8>
雲　密雲彌布182<110>

웅
雄　大雄猛世尊203<110>

원
原　如人渴須水穿鑿於高原321<78>
圓　面貌圓滿489<127>
園　淸淨園林19<127>
怨　怨憎會苦112<62>
洹　須陀洹571<62>
蜿　蜿轉腹行141<145>

遠	前路猶遠257<140>	肉	骨肉枯竭140<22>
願	願決衆疑21<181>	育	生育甚難128<47>

월

月	滿月菩薩4<9>	潤	隨分受潤190<152>
越	越三界菩薩4<111>		

윤

은

位	悉捨王位25<32>	恩	世尊大恩178<78>
僞	質直無僞95<152>	慇	汝已慇懃三請54<140>
危	堂舍高危120<22>	銀	白銀爲葉585<140>
圍	圍繞650<111>	隱	安隱得出107<152>

위

음

委	委付財物153<47>	婬	婬欲皆已斷281<101>
威	威德熾盛589<62>	瘖	聾盲瘖瘂143<145>
慰	安慰無量衆36<152>	陰	五陰魔402<94>
爲	爲人演說30<127>	音	觀其音聲601<62>
瑋	賒履多瑋622<127>	飮	飮食充足171<128>

읍

萎	香風吹萎華261<111>	泣	諸母涕泣而隨送之222<47>
葦	如稻麻竹葦46<127>	邑	聚落城邑404<32>
衛	諸人侍衛168<152>		

응

謂	自謂已得阿羅漢62<127>	應	應當一心534<171>
違	不相違背516<127>		

의

韋	韋提希子阿闍世王7<62>	依	無所依求115<47>

유

乳	孚乳産生122<47>	儀	威儀無缺17<152>
唯	唯有一佛乘268<93>	宜	隨宜說法188<47>
喩	種種譬喩173<111>	意	身意快然12<128>
幼	諸子幼稚104<15>	疑	勿生疑惑534<140>
幽	其國中間幽冥之處226<62>	矣	退亦佳矣55<32>
惟	思惟是經576<94>	義	其義深遠23<128>
愈	毒病皆愈449<127>	衣	衣服606<22>
有	有大白牛130<22>	議	共議此事227<185>
柔	柔和善順380<62>	醫	如病得醫572<177>
油	香油塗身559<47>		

이

猶	猶高聲唱言526<111>	二	二千人2<1>
牖	窺看窓牖123<158>	以	以偈問曰11<16>
由	由斯菩薩福德智慧淳厚所致567<16>	伊	伊提履629<22>
窳	亦不窳曲488<158>	夷	優陀夷283<22>
蚰	蜈蚣蚰蜒121<101>	姨	姨母369<62>
維	三方及四維262<140>	已	汝已慇懃三請54<4>
臾	須臾聞之310<32>	易	衆生易度不590<47>
誘	初以三車誘引諸子然後119<152>	爾	爾時7<140>
遊	遊於娑婆世界613<127>	異	無有異心145<94>
逾	使者執之逾急156<128>	移	移諸天人333<94>
鍮	鍮鉐赤白銅72<171>	而	如雲而下559<22>
鼬	鼬貍鼷鼠121<179>	耳	眼耳鼻舌身意淸淨521<23>

육

익

- 210 -

익
益 利益一切111<78>
인
人 爲人演說30<1>
仁 瞻仁及我21<9>
印 智印三昧582<23>
咽 復有諸鬼其咽如鍼123<63>
因 因妙光菩薩說大乘經28<23>
引 引導衆生42<9>
忍 常行忍辱403<32>
茵 以爲茵褥130<78>
일
一 一味之法195<1>
日 日夜思惟174<9>
溢 倉庫盈溢153<128>
逸 當離於放逸36<111>
임
任 我今爲汝保任此事115<23>
妊 知其初懷妊506<33>
賃 窮子傭賃展轉153<128>
입
入 入於深山16<2>
자
子 此是我子161<4>
字 皆同一字24<23>
恣 便起憍恣而懷厭怠445<78>
慈 以慈修身3<128>
滋 所潤是一而各滋茂190<111>
자 鬪諍자掣121<145>
煮 燒煮112<128>
疵 護惜其瑕疵63<94>
紫 紫磨金色354<111>
者 聞者皆歡喜512<63>
自 自求涅槃116<23>
蔗 甘蔗葡萄189<152>
藉 骨肉狼藉121<177>
訾 毁訾聲聞樂小法者165<133>
資 資生艱難288<129>
작
作 作禮而去664<33>
嚼 咀嚼踐踏121<189>
鵲 烏鵲鳩鴿120<181>
잔
殘 殘害兇險123<111>
잠
暫 目不暫捨203<152>

잡
잡 爲諸小蟲之所잡食141<36>
帀 周帀欄楯107<5>
雜 純一無雜23<177>
장
丈 調御丈夫213<4>
場 坐於道場578<112>
慞 周慞悶走125<145>
壯 肥壯多力130<33>
將 將導衆人欲過此難256<94>
帳 施大寶帳168<94>
張 張設幰蓋108<94>
掌 合掌向佛461<112>
杖 有人惡口罵加刀杖瓦石322<33>
牆 牆壁崩倒124<172>
章 若忘失章句爲說令通利323<95>
莊 莊嚴其國211<95>
藏 護持法藏302<172>
長 長者大富129<48>
障 無復障礙107<140>
재
哉 咄哉丈夫287<48>
喋 唯喋嗥吠121<133>
在 在家出家316<23>
宰 宰官身609<78>
才 樂說辯才3<4>
材 木櫞幷餘材71<33>
災 毒害火災125<33>
財 財物無極108<78>
載 無量百千萬億載阿僧祇450<112>
齋 齋持重寶604<191>
쟁
爭 爭出火宅107<48>
諍 鬪諍之聲122<153>
저
低 曲躬低頭551<33>
咀 咀嚼踐踏121<48>
底 修陀羅婆底655<48>
猪 猪羊雞狗660<112>
疽 疥癩癰疽143<78>
著 深著世樂131<113>
詛 呪詛諸毒藥615<112>
豬 駝驢豬狗143<167>
적
寂 寂然閑居131<95>

敵	諸餘怨敵576<153>	正	正見邪見193<11>
滴	於佛智慧如海一滴195<140>	淨	淸淨第一133<95>
積	漸漸積功德72<164>	精	勇猛精進16<141>
적	卽以海此岸栴檀爲적565<187>	貞	純有貞實55<63>
笛	簫笛琴箜篌73<95>	靜	獨處閑靜16<164>
籍	亦未曾念外道典籍147<185>	頂	上至有頂494<95>
賊	已能破諸魔賊576<129>	제	
赤	赤蓮華香501<33>	制	而不制止55<48>
適	適從三昧起35<153>	제	鼻不匾제488<117>
젼		啼	啼哭聲496<112>
傳	勿妄宣傳137<129>	嚌	嚌韜死屍121<164>
全	此中已有如來全身315<23>	帝	帝釋570<63>
典	演說經典13<48>	弟	時有一弟子37<34>
前	前路猶遠257<63>	提	釋提桓因503<112>
專	不專讀誦經典525<95>	濟	濟地獄苦17<172>
展	如是展轉盡地種墨218<78>	第	汝身第一端正584<96>
戰	王見兵衆戰有功者399<164>	諸	諸漏已盡1<153>
殿	宮殿甚嚴飾230<129>	除	除其衰患629<63>
氎	上妙細氎130<172>	際	盡諸苦際13<141>
旃	摩訶迦旃延149<84>	齊	齒白齊密常有光明646<141>
栴	栴檀香風12<84>	죠	
甄	甄瓦泥土等71<167>	助	助發實相義39<34>
畋	畋獵漁捕386<67>	潮	梵音海潮音617<153>
田	多有田宅103<16>	澡	以油塗身澡浴塵穢着新淨衣390<167>
羶	羶帝 622<182>	照	光明照世間67<129>
箭	盡一箭道557<153>	燥	猶見乾燥土知去水尙遠321<172>
纏	以天寶衣而自纏身559<189>	爪	合十指爪562<9>
轉	轉無上法輪262<177>	祖	其祖轉輪聖王222<79>
電	電光晃曜189<129>	稠	入邪見稠林68<129>
顚	爲毒所中心皆顚倒448<175>	糟	衆之糟糠63<172>
졀		詔	種種敎詔無數衆生19<112>
折	摧折墮落124<33>	調	調御丈夫213<153>
竊	抄劫竊盜142<191>	造	造立舍宅166<96>
絶	相續不絶126<112>	遭	雖遭大苦112<153>
졈		雕	刻雕成衆相72<164>
漸	漸見無量佛73<141>	鳥	鵰鷲諸鳥124<96>
苫	覆苫亂墜120<67>	鵰	鵰鷲諸鳥124<182>
點	復下一點218<172>	족	
졉		族	群臣豪族167<96>
接	人天交接276<95>	足	無不豊足189<34>
졍		존	
定	定慧具足16<48>	存	情存妙法故身心無懈倦354<23>
情	五情590<95>	尊	最尊無有上100<113>
政	爲於法故捐捨國位委政太子352<48>	졸	
整	整衣服149<141>	卒	柔和善順而不卒暴心亦不驚380<49>

종
宗　皆共宗重167<49>
從　從三昧安詳而起41<96>
種　種諸善根528<141>
終　終歸於空187<96>
縱　縱廣四十由旬356<172>
腫　水腫乾痟143<129>
鐘　鐘鈴螺鼓聲497<185>
좌
佐　臣佐吏民152<34>
坐　坐師子座540<34>
左　侍立左右154<16>
座　不起于座585<79>
剉　摩訶剉隸625<116>
䀛　眇目䀛陋170<116>
죄
罪　獲罪如是140<129>
주
主　娑婆世界主<16>
住　正法住於世97<34>
呪　以是神呪擁護法師626<49>
周　周徧淸淨200<49>
晝　晝夜受苦141<96>
柱　柱根腐敗103<63>
注　注記券疏169<49>
澍　澍甘露法雨 617<153>
珠　眞珠瓔珞460<79>
籌　種種籌量分別知已180<185>
走　馳走而出128<34>
酒　醉酒而臥286<79>
죽
竹　其數如竹林55<24>
준
蹲　蹲踞土埵122<182>
중
中　中根中莖183<9>
衆　植衆德本3<113>
重　重說偈言225<63>
즉
卽　卽起合掌85<63>
증
增　增益壽命532<154>
憎　怨憎會苦112<154>
曾　曾見此瑞22<113>
繒　繒蓋幢幡306<177>

證　證於無上道96<181>
지
之　難解之法48<9>
地　地平如掌276<24>
墀　涅犁墀婆底625<158>
志　志固無怯弱434<34>
持　受持佛語63<64>
指　以右指開七寶塔戶339<64>
支　辟支佛571<9>
旨　旨緻柅625<24>
智　智慧不可量425<113>
枝　大枝大葉183<49>
枳　郁枳 625<64>
止　止止不須說52<9>
池　山林河池568<24>
知　父知子意161<49>
至　俱來至佛所421<24>
직
直　鼻脩高直489<49>
진
塵　糞土塵坌158<141>
珍　金銀珍寶153<64>
盡　如薪盡火滅36<141>
眞　無不眞實517<79>
瞋　不生瞋恚525<154>
胗　不瘡胗488<67>
進　勤修精進116<113>
陣　怖畏軍陣中617<79>
陳　阿若憍陳如1<96>
震　六種震動12<154>
질
嫉　慳貪嫉妬61<130>
疾　疾成佛道533<79>
叱　佛陀毗吉利叱帝623<101>
質　質直無僞95<154>
집
執　右手執持除糞之器158<96>
集　皆悉已集161<113>
차
且　且待須臾358<16>
借　借問貧里169<79>
叉　夜叉競來122<4>
差　不差不曲488<80>
次　次當作佛29<24>
此　此是我子161<24>

扠	相扠相撲381<26>	穿	如人渴須水穿鑿於高原321<64>
硨	硨磲瑪瑙14<116>	薦	薦席厚暖171<173>
蹉	畢陵伽婆蹉2<172>	賤	貧窮下賤141<155>
遮	遮梨第622<154>	踐	咀嚼踐踏121<155>

착
捉	捉狗兩足122<80>
錯	始終不忘錯518<164>
鑿	如人渴須水穿鑿於高原321<194>

闡	我闡大乘教度脫苦衆生363<186>

철
掣	雲雷鼓掣電616<117>
鐵	大鐵圍山335<191>

찬
羼	羼提波羅蜜465<190>
撰	撰集解其義499<154>
竄	藏竄孔穴124<185>
讚	讚妙光菩薩35<192>
餐	而無希取一餐之意161<164>
饌	衣服肴饌310<189>

첨
瞻	瞻仰世尊223<178>
諂	諂曲心不實68<142>

첩
妾	宮殿臣妾15<50>
輒	生輒聾瘂143<142>

찰
刹	羅刹之難602<49>
察	瞻察仁者22<141>

청
淸	六根淸淨532<97>
聽	聽佛所說28<191>
請	請佛轉法輪228<155>
靑	靑蓮華葉588<50>

참
慙	有慙愧淸淨82<154>

체
切	一切皆歡喜464<10>
剃	剃除鬚髮16<64>
涕	諸母涕泣而隨送之222<80>
諦	佛說苦諦135<165>
逮	逮大神通202<113>
體	形體殊好108<185>
鼕	霙鼕垂布189<193>

창
倉	倉庫盈溢153<80>
唱	高聲唱言540<97>
暢	演暢淸淨法91<142>
瘡	惡瘡膿血663<154>
窓	窺看窓牖123<116>

채
彩	彩畫作佛像72<97>
採	採果汲水352<97>
綵	衆綵雜飾130<142>
采	與後宮采女眷屬俱641<50>

초
初	初轉法輪99<50>
憔	贏瘦憔悴158<155>
抄	抄劫竊盜142<34>
楚	種種楚毒聲498<130>
草	草木叢林190<80>
超	超出成正覺243<113>
醋	鹽醋之屬159<155>

책
責	每自剋責86<97>

촉
囑	今以付囑汝等549<193>
觸	六入緣觸245<186>

처
妻	國城妻子351<50>
處	常處空閑16<97>

촌
忖	惟忖31<24>
村	村營城邑332<35>

척
尺	或時離地一尺二尺122<10>
擲	爲諸童子之所打擲140<155>

총
叢	草木叢林190<178>
總	我先總說一切聲聞369<173>
聰	聰慧明達256<173>

천
千	千劫530<5>
天	梵天王5<10>
川	山川谿谷182<5>
泉	流泉浴池19<64>
淺	功德淺薄368<97>

촬	
撮	由是群狗競來搏撮121<155>

최	
摧	柱根摧朽120<145>
最	最爲第一570<114>

추	
杻	杻械枷鎖603<40>
墜	墜於三惡道78<155>
推	四方推求166<97>
捶	惡罵捶打18<101>
椎	椎鐘告四方353<114>
皺	髮白面皺484<155>
追	追捉將來169<80>
醜	上下好醜514<173>
麤	不麤澁488<194>

축	
畜	畜生557<80>
縮	亦不褰縮488<173>
鸇	惡口而顰鸇377<178>
逐	或被惡人逐 615<97>
閦	一名阿閦在歡喜國252<145>

출	
出	出於五濁惡世61<16>

충	
充	穢惡充滿584<24>
蟲	毒蟲之屬122<178>

췌	
悴	羸瘦憔悴158<98>

취	
取	取緣有245<50>
吹	吹大法螺22<35>
就	成就大志161<114>
聚	聚落城邑404<142>
臭	口氣常臭141<80>
趣	六趣衆生517<156>
醉	醉酒而臥286<156>
鷲	鵰鷲諸鳥124<192>

측	
側	住立門側153<98>
測	不能測佛智45<114>

치	
値	値無數佛533<80>
哆	郵樓哆 623<68>
治	善治衆病446<50>
熾	婬欲熾盛144<165>
癡	癡子捨我五十餘年168<181>
稚	諸子幼稚104<130>
絺	摩訶俱絺羅2<133>
緻	旨緻柅625<165>
置	置於他土333<130>
致	阿鞞跋致372<81>
馳	叫喚馳走123<130>
鴟	鵰鷲鴟梟126<167>
齒	齒白齊密常有光明646<156>

칙	
則	無明滅則行滅245<64>
勅	佛勅我等說最上道173<64>

친	
親	親近智者18<165>

칠	
七	七寶爲臺557<2>
漆	或以膠漆布72<142>

침	
侵	侵毀624<65>
枕	安置丹枕108<50>
沈	沈水502<35>
鍼	復有諸鬼其咽如鍼123<173>

칭	
秤	斗秤欺誑人 631<81>
稱	一心稱名601<142>

쾌	
快	身意快然12<35>

타	
他	久住他國151<16>
吒	上至阿迦尼吒天9<26>
埵	蹲踞土埵122<101>
墮	墮落金剛山615<156>
惰	除懶惰意及懈怠想391<114>
打	惡罵捶打18<16>
陁	泥塗陁落120<26>
陀	陀羅尼 623<50>
馱	佉羅騫馱阿脩羅王6<130>
駝	駝驢豬狗143<156>

탁	
坏	牆壁坵坏120<51>
濁	清淨無濁穢497<165>
駞	若作駞駝140<133>

탄	
坦	坦然平正471<51>
彈	俱共彈指539<156>

歎	歌歎於佛557<156>	판	
탈		販	販肉自活衒賣女色386<114>
脫	皆得解脫601<98>	辦	汝等所作未辦259<165>
탐		팔	
耽	耽湎嬉戲127<81>	八	八萬四千劫249<2>
貪	貪着於名利38<98>	패	
탑		唄	歌唄頌佛德73<65>
塔	寶塔高妙五千由旬20<130>	敗	柱根腐敗103<98>
탕		貝	擊鼓吹角貝73<35>
湯	百種湯藥18<114>	편	
태		便	便得離欲605<65>
太	我爲太子時301<10>	偏	愛無偏黨109<98>
怠	不生懈怠心396<65>	평	
泰	其心泰然107<81>	平	地平如掌276<17>
胎	卵生胎生濕生化生483<65>	폐	
택		吠	哇喋嘷吠121<35>
宅	爭出火宅107<25>	廢	廢忘不通利38<156>
擇	不擇禽獸144<165>	弊	長者着弊垢衣171<142>
澤	獨處山澤145<165>	蔽	日光掩蔽189<156>
토		閉	若人惡罵口則閉塞406<99>
土	土石諸山584<5>	陛	基陛隤毁120<81>
討	時轉輪王起種種兵而往討罰399<81>	포	
통		布	流布此法549<17>
痛	受諸苦痛141<114>	怖	汝等勿怖257<51>
通	通達大智3<98>	捕	畋獵漁捕諸惡律儀381<82>
퇴		泡	如水沫泡燄490<51>
堆	坑坎堆阜200<98>	葡	甘蔗葡萄189<143>
退	退坐一面7<81>	飽	食之旣飽122<143>
隤	牆壁隤落103<158>	폭	
투		暴	柔和善順而不卒暴心亦不輕380<157>
妬	慳貪嫉妬61<51>	爆	爆聲震裂124<181>
鬪	鬪諍之聲122<186>	표	
특		漂	或漂流巨海 614<143>
特	端嚴殊特642<81>	表	表利甚高廣477<51>
파		飄	飄墮羅刹鬼國602<186>
叵	佛智叵思議425<18>	품	
婆	婆羅門29<98>	品	序品第一1<65>
怕	其心常憺怕224<53>	稟	如彼草木所稟各異194<130>
把	手把虛空而以遊行346<35>	풍	
波	六波羅蜜264<51>	諷	諷誦通利248<165>
玻	玻瓈爲地205<68>	豊	無不豊足189<131>
琶	琵琶鐃銅鈸73<114>	風	香風時來221<65>
破	破魔兵衆17<81>	피	
簸	阿盧伽婆娑簸蔗毗叉膩623<182>	彼	莫輕彼國584<51>
頗	姓頗羅墮24<142>	疲	身體疲懈150<82>

被	常被罵詈525<99>	幸	深自慶幸151<52>
避	避走遠住526<173>	行	行住坐臥636<25>
필		향	
匹	最勝無倫匹98<10>	向	合掌向佛461<25>
必	必當得作佛100<17>	響	七名響意25<185>
畢	畢竟住一乘546<82>	香	香油塗身559<66>
筆	不好外道經書手筆660<131>	허	
핍		虛	上昇虛空562<99>
乏	我等今頓乏266<17>	許	默然許之230<115>
핍		헌	
逼	火來逼身104<131>	幰	張設幰蓋108<183>
하		獻	以無上供具奉獻於諸佛284<186>
下	上下內外501<5>	軒	軒飾布施15<82>
何	何況有三60<35>	험	
河	山林河池568<51>	嶮	諸山深嶮處505<164>
瑕	淸淨無瑕穢97<131>	險	經過險路604<166>
荷	則爲如來見所荷擔310<99>	현	
訶	摩訶迦葉1<101>	懸	懸衆寶鈴565<181>
학		現	現大神通力35<99>
堅	無有山陵谿澗溝壑276<173>	衒	販肉自活衒賣女色386<99>
學	漸漸修學197<166>	賢	普賢菩薩649<157>
한		顯	顯示諸法相234<192>
寒	如寒者得火572<115>	혈	
恨	心懷悔恨153<65>	穴	爭走出穴125<17>
漢	阿羅漢571<143>	血	飮血噉肉124<36>
閑	寂然閑居131<115>	혐	
限	其福不可限492<65>	嫌	又亦不生怨嫌之心389<131>
함		협	
含	慧雲含潤189<35>	狹	長者知子愚癡狹劣170<82>
咸	咸得成佛216<66>	형	
합		刑	臨刑欲壽終615<25>
合	一心合掌149<25>	形	形體殊好108<36>
鴿	烏鵲鳩鴿120<175>	荊	瓦礫荊棘200<82>
항		逈	逈絶多毒獸265<82>
巷	城邑巷陌聚落田里482<66>	혜	
恒	恒求善事111<66>	慧	智慧不可量425<157>
降	降伏諸國399<66>	醯	樓醯629<181>
해		鼷	鼬狸鼷鼠121<192>
孩	六百萬億孩263<68>	호	
害	況復加害603<82>	乎	豈異人乎529<17>
懈	常無懈倦111<166>	互	互相推排107<10>
海	弘誓深如海614<82>	呼	禽獸鳴相呼499<52>
欬	諸佛警欬聲544<84>	嘷	唯喍嘷吠121<167>
解	難解難知188<131>	好	上下好醜514<25>
행		戶	以右指開七寶塔戶339<10>

- 217 -

고		횡	
怙	無所依怙142<53>	橫	橫羅其殃142<166>
豪	白毫光明582<99>	효	
狐	狐狼野干121<52>	孝	孝父母590<36>
호	琥珀602<115>	曉	不能曉了此83<166>
瑚	金銀珊瑚14<131>	梟	鴟梟鵰鷲120<100>
虎	師子象虎狼506<52>	肴	肴饍飲食18<52>
號	十號具足25<131>	후	
護	守護是經658<189>	厚	不厚不大488<66>
豪	窮子見父豪貴尊嚴169<143>	吼	作師子吼而發誓言373<36>
혹		後	後生善處185<66>
惑	皆墮疑惑102<115>	朽	柱根摧朽120<25>
或	或時來者隨宜說法無所希求382<52>	睺	摩睺羅伽232<145>
홀		篌	簫笛琴箜篌73<159>
忽	忽然火起124<52>	훈	
홍		勳	有大功勳滅三毒出三界破魔網402<166>
弘	弘誓深如海614<17>	薰	薰油常然之478<178>
화		訓	我當以佛法而訓導之484<83>
化	化作一城257<10>	훌	
和	柔和善順380<52>	欻	欻然火起103<117>
火	爭出火宅107<10>	훼	
畫	彩畫作佛像72<131>	卉	卉木藥草189<17>
華	華果茂盛19<99>	毀	輕毀罵詈532<115>
환		휴	
丸	若抹若丸若塗香501<4>	休	無有休息141<25>
喚	叫喚馳走123<99>	흉	
患	離諸衰患631<100>	兇	兇險相撲386<25>
歡	歡喜踊躍107<191>	胸	不露齒笑不現胸臆383<83>
桓	釋提桓因4<83>	흑	
還	還歸本土598<173>	黑	面色不黑488<115>
활		흔	
活	販肉自活衒賣女色386<66>	欣	四衆欣仰21<53>
황		흘	
惶	周慞惶怖124<115>	訖	言論未訖362<83>
晃	電光晃曜189<83>	흠	
況	況復加害603<52>	洽	乾地普洽189<67>
黃	黃金爲繩332<115>	흥	
회		興	假使興害意 614<166>
廻	盡廻向佛道101<66>	희	
悔	無智疑悔則爲永失188<83>	喜	心大歡喜155<116>
懷	心懷大歡喜87<182>	嬉	貪着嬉戲128<157>
會	怨憎會苦112<132>	希	現希有事10<36>
膾	屠兒魁膾畋獵漁捕385<174>	戲	神通遊戲三昧583<175>
誨	見佛聞法信受教誨489<143>		
획			
獲	獲罪如是140<178>		

法華經漢字 법화경한자

2021년 2월 25일 초판 1쇄 인쇄
2021년 3월 08일 초판 1쇄 발행

편저자 ｜ 도관 홍윤기 효송 홍우기
발행인 ｜ 김 영 환
발행처 ｜ 도서출판 다운샘 [多韻泉]

05661 서울특별시 송파구 중대로27길 1
전화 02 - 449 - 9172 팩스 02 - 431 - 4151
E-mail : dusbook@naver.com
등록 제1993 - 000028호

ISBN 978-89-5817-483-7 13710
값 15,000원